Collana documenti e catasti

- 2 -

Alla memoria di
Girolamo Terracciano,
appassionato cultore
di storia sirignanese

Quando si entra nel grande oceano della storia rurale, intesa come storia delle campagne e di coloro che in varia posizione o modo ne vivono, non si sa più quale senso si possa o si debba attribuire alla distinzione fra storia locale e non locale.

Giuseppe Galasso
(Economia e società nella Calabria
del Cinquecento, 1992)

Ringrazio, per la gentile collaborazione,
l'ing. Domenico Capolongo (studioso dell'area nolana),
il prof. Nicola Montanile (già direttore della Biblioteca
Comunale «Ignazio D'Anna» di Avella),
la dott.ssa Tonia Solpietro (direttore dell'Ufficio Beni Culturali
della Diocesi di Nola) e
la dott.ssa Angela Sorrentino (Archivista responsabile
dell'Archivio Storico Diocesano di Nola).

P. C.

Pasquale Colucci

Economia e poteri locali in una comunità rurale del Mezzogiorno moderno

Tre fonti documentarie
sul casale di Sirignano nel Settecento

TEREBINTO EDIZIONI

In copertina: *un portale in pietra calcarea un tempo esistente in piazza Barbati a Sirignano, ascrivibile al sec. XVIII, scomparso dopo il terremoto del 14 febbraio 1981.*

Tutte le immagini pubblicate in questo volume sono tratte dall'archivio fotografico dell'autore.

© 2020 Il Terebinto Edizioni
Via Luigi Amabile 42
83100 Avellino
tel. 340/6862179
e-mail: terebinto.edizioni@gmail.com
www.ilterebintoedizioni.it

INDICE

Prefazione

La ricerca storica locale è fatta di molti contributi come il presente, i quali vanno sedimentandosi mano a mano, grazie ai lavori dei piuttosto rari storici locali, in un continuo arricchimento di dati, producendosi quella che si definisce la storia del luogo, nelle sue successive edizioni aggiornate. Nessuna di queste storie potrà dirsi mai "finita", anche quella di Roma, ma, per fortuna, se la ricerca continua, le vicende passate di ogni singolo Comune verranno alla luce una dopo l'altra, pazientemente. Purtroppo, non tutti i Comuni hanno la fortuna di aver avuto o di avere delle persone che si impegnano in queste indagini d'archivio; in questi rari casi il singolo Comune è fortunato, perché può godere dei risultati delle ricerche sui personaggi e gli avvenimenti passati della sua comunità.

Il presente saggio di Pasquale Colucci è il suo più recente lavoro nell'approfondimento della storia di Sirignano, fatto con la consueta meticolosità ed esperienza, alla ricerca di documenti nuovi e ovviamente interessanti. Si tratta di tre aspetti della storia di Sirignano in età moderna, provenienti da fonti diverse, cioè un Protocollo Notarile del 1718, un memoriale ascrivibile ai primi anni del Settecento (tratto dal II Libro dei Battezzati della parrocchia di Sirignano) e il Catasto Onciario di Avella del 1754. Faccio notare che i protocolli notarili sono un tipo di fonte per niente facile da leggere, e che solo in pochi casi, fortunosamente, possono contenere documenti che non siano di carattere privato.

I primi due documenti, risalenti al 1718, sono molto interessanti, in quanto contengono dati amministrativi della *Università* del Casale di Sirignano, come allora si chiamavano i Comuni, compreso nello *Stato* o *Terra* di Avella. Il primo ci descrive una riunione del *Parlamento* locale con a capo l'*Eletto* – il Sindaco di oggi – attorniato dai suoi collaboratori e numerosi altri cittadini rappresentanti del popolo, i quali, insieme, prendono delle decisioni di interesse pubblico su vari punti all'ordine del giorno, tra cui l'elezione del prossimo *Eletto*. Il secondo descrive lo svolgimento di un'asta pubblica, con il criterio dell'accensione della candela, per l'aggiudicazione in fitto a privati di un territorio boschivo di proprietà del Casale. La rarità di questo tipo di documenti è ben nota perché è estremamente difficile trovare oggi archivi storici comunali degni di tal nome mentre la ricerca nei protocolli notarili è quanto mai difficoltosa. Sono sicuro che questo documento sarà di aiuto anche ad altri studiosi del Territorio Nolano, perché le modalità operative delle *Università* nei secoli più antichi hanno lasciato poche tracce documentate.

Il contenuto della seconda parte proviene da un Libro dei battezzati di Sirignano, conservato nell'Archivio vescovile di Nola, relativo agli anni 1626-1685, il quale, fortuntamente, contiene molte informazioni relative alla locale Chiesa Parrocchiale: la serie dei sacerdoti titolari dal 1561 al 1708, molti dati sul patrimonio artistico del luogo sacro e altre notizie, tutte interessanti dal punto di vista storico.

La terza parte ci porta nel Casale di Sirignano posseduto in feudo dalla famiglia Caracciolo della Gioiosa dall'anno 1622. Questa volta la fonte è il *Catasto Onciario* di Avella del 1754, e vi sono elencati tutti i beni del feudatario del momento, cioè il duca Vincenzo Caracciolo, il quale gode di un abbondante patrimonio di beni, sia burgensatici, cioè personali, che feudali, cioè appartenenti al feudo. Inutile dire che il duca era di gran lunga il più ricco del Casale.

Domenico Capolongo

Nota ai testi

Il primo capitolo, con il titolo *Sirignano: 1718. Potere locale e uso delle risorse in una comunità rurale* d'ancien régime, è stato già pubblicato sulla «Rassegna Storica Irpina», 27-36, 2004-2008, pp. 169 ss.

Il secondo capitolo è una rielaborazione, ampliata e rivista, del saggio *Vicende della parrocchia di Sirignano in un manoscritto del primo '700*, anch'esso uscito sulla «Rassegna Storica Irpina», 15-16, 1998, pp. 233 ss., ove la nota n. 1 (a p. 233) è specificamente dedicata ad una dettagliata descrizione fisica del registro parrocchiale che contiene i due documenti studiati, all'epoca ancora conservato nell'Archivio Parrocchiale di Sirignano, prima di essere trasferito all'Archivio Storico Diocesano di Nola.

Il terzo capitolo è inedito.

1. *Ad honorem Dei et pro beneficio publico*

Due atti di autogoverno
dell'*università* del casale di Sirignano

Con istrumento rogato dal notaio mugnanese Giovanni Angelo Bianco[1], il medico Berardino Mandese, *eletto* dell'*università* (ossia amministratore della comunità)[2] del casale[3] di Sirignano[4], il 27 novembre del 1718,

---

[1] Il documento è conservato in ARCHIVIO DI STATO DI AVELLINO, *Protocolli notarili del distretto di Avellino*, I vers., notaio Giovanni Angelo Bianco, b. 4773, vol. 7868, ff. 88v-93r (da ora in poi *Istrumento*).

[2] Dal XIII secolo sino agli inizi dell'Ottocento, col termine *università* si è indicata nel Mezzogiorno d'Italia la comunità dei cittadini di un determinato centro abitato ed, estensivamente, la relativa istituzione municipale.

[3] Sull'origine e la struttura dei *casali* come agglomerati rurali o villaggi sparsi sul territorio, spesso a ridosso delle città, si veda G. MUTO, *Istituzioni dell'universitas e ceti dirigenti locali*, in *Storia del Mezzogiorno*, vol. IX, *Aspetti e problemi del Medioevo e dell'età moderna*, tomo 2°, Napoli, Edizioni del Sole, 1991, pp. 26-28.

[4] Sirignano è un Comune di circa 3.000 abitanti situato nella parte occidentale della provincia di Avellino (detta anche Bassa Irpinia), a breve distanza dalla provincia di Napoli e, praticamente, al centro della regione Campania. La sua origine va collocata nel basso Medioevo (XI-XII sec.), nel quadro della nuova rete di insediamenti abitativi sorti in territorio avellano con l'arrivo dei Normanni e la feudalizzazione. Per tutto il Medioevo e l'età moderna Sirignano rimase un casale dello *stato* feudale di Avella, tuttavia sin dal Tre-

concesse in enfiteusi[5] al concittadino Tomaso d'Acierno una selva di proprietà dell'*università*, di quattro moggia (corrispondenti – secondo le misure in uso nella zona – a circa sedicimila metri quadrati), con un canone annuo di quattro ducati e tre tarì.

Benché simile a tantissimi altri rogiti stipulati dalle *università* meridionali in età moderna, l'atto anzidetto riveste un notevole interesse micro e macrostorico per due particolari documenti che vi sono allegati in copia e che proprio per tale motivo sono riusciti a salvarsi dalla distruzione e dall'oblio, vale a dire i verbali relativi al *parlamento* (l'assemblea di tutti i capi-famiglia del ca-

cento è attestata nel suo territorio la presenza di un feudo, costituito da vaste proprietà terriere, posseduto nel corso dei secoli da varie famiglie. Dopo l'Unità d'Italia il Comune di Sirignano – con tutti i Comuni del Baianese e del Vallo di Lauro – fu staccato dalla provincia di Terra di Lavoro (della quale aveva sempre fatto parte) e fu aggregato alla provincia di Principato Ultra, corrispondente all'attuale provincia di Avellino. Per un quadro complessivo e qualche indicazione bibliografica su Sirignano si rinvia all'opuscolo *Un paese chiamato Sirignano. Piccola guida al patrimonio culturale ed alle potenzialità del territorio*, a cura di P. Colucci, Sirignano, Pro Loco Sant'Andrea, 2008 e al volume *Giuseppe Caravita e Sirignano alla fine dell'Ottocento*, citato nella nota 5 del cap. 3.

[5] L'enfiteusi era un tipo di contratto mediante il quale il proprietario di un bene immobile cedeva il bene in perpetuo, con l'obbligo da parte del contraente, detto enfiteuta, di migliorare le condizioni del bene e di pagare un canone annuo, detto *censo*. Per ulteriori notizie sull'argomento si veda il successivo cap. 3.

sale)[6] del 28 agosto 1718[7] e quello dell'asta pubblica[8], tenutasi il successivo 18 settembre, con la quale il d'Acierno si aggiudicò l'enfiteusi.

Entrambi i documenti descrivono, infatti, in maniera abbastanza dettagliata, alcuni dei meccanismi attraverso i quali l'*università* di Sirignano provvedeva al proprio autogoverno, nei limiti e nelle materie all'epoca consentiti alle *universitates civium* del Regno di Napoli[9].

---

[6] Fondamentale, in proposito, rimane il volume di G. D'Agostino, *Parlamento e società nel Regno di Napoli. Secoli XV-XVII*, Napoli, Guida, 1975. Per quanto concerne l'Irpinia si vedano anche: L. Barionovi, *Due parlamenti della città di Avellino alla metà del Settecento*, in «Samnium», LVI (1983), 1, pp. 65 ss. e C. Meo, *La legislazione statutaria dei Comuni irpini*, in *Storia Illustrata di Avellino e dell'Irpinia*, vol. III, *L'età moderna*, a cura di F. Barra, Pratola Serra, Sellino & Barra Editori, 1996, pp. 337 ss.

[7] Il documento, manoscritto su due fogli r/v non numerati, è rilegato nel citato *Istrumento* dopo il f. 88 (da ora in poi *Parlamento*).

[8] Il documento, manoscritto su un solo foglio r/v non numerato, è rilegato nel protocollo notarile dopo l'atto citato nella precedente nota.

[9] Nella vasta bibliografia sulla materia, basti qui rinviare a: A. Rinaldi, *Il Comune e la Provincia nella storia del diritto italiano. Studi*, Potenza, Magaldi e Della Ratta, 1881; N. F. Faraglia, *Il Comune nell'Italia Meridionale (1100-1806)*, Napoli, Tipografia della Regia Università, 1883; M. Palumbo, *I comuni meridionali prima e dopo le leggi eversive della feudalità*, Montecorvino Rovella, Stabilimento Tipografico L'Unione, 1910; F. Calasso, voce *Comune. Premessa storica*, in *Enciclopedia del Diritto*, vol. VIII, s. l. [ma Milano], Giuffrè Editore, 1961, pp. 169 ss.; G. Galasso, *Dal Comune medievale all'Unità. Linee di storia meridionale*, Bari, Editori Laterza, 1969; R. Moscati, *Le «università» meridionali nel*

Il primo dei due citati documenti (qui integralmente pubblicato in appendice, doc. I.1) riguarda dunque il pubblico *parlamento* che il 28 agosto 1718, «ad honorem Dei, et pro beneficio publico»[10], si tenne a Sirignano, davanti alla chiesa parrocchiale ed alla presenza di don Girolamo Corcione (governatore dello *stato* feudale di Avella, del quale il casale di Sirignano faceva parte) e del notaio Giovanni Angelo Bianco (in qualità di *cancellarius*, ossia di segretario verbalizzante), con la partecipazione – se non di tutti – della maggior parte dei capi-famiglia (elencati alla fine del documento), per esaminare una serie di questioni riguardanti l'*università* e soprattutto per nominare il nuovo *eletto*, che – come oggi il sindaco – era il rappresentante ufficiale degli abitanti del casale[11].

Viceregno spagnolo, in «Clio», III (1976), 1, pp. 25 ss.; A. BULGA-RELLI LUKACS, *Le «universitates» meridionali all'inizio del Regno di Carlo di Borbone: la struttura amministrativa*, in «Clio», XVII (1981), 1, pp. 1 ss.

[10] *Parlamento*, f. s. n. [ma 1r].

[11] Un'allegazione legale del 1809 chiarisce in proposito che «Ne' principj del secolo XVII, e precisamente nel 1614 per essersi considerato molto incomodo il sistema fino a quel punto pratticato [*sic*] per distare questo Casale [Sirignano] circa due miglia dall'abitato di Avella, si convenne di separarsi con crearsi esso stesso col voto de' propri Cittadini l'Eletto, e li proprj Ufficiali, e con reggersi da se indipendentemente da Avella» (G. DI SIMONE, *Per la Comune di Sirignano contro la Duchessa di Tursi nella Suprema Commissione Feudale*, Napoli, nella stamperia di Gaetano Severino, 1809, p. 2).

Un portale in tufo grigio, con rosta in legno e paracarri in pietra calcarea, un tempo esistente in via Sgambati a Sirignano, scomparso a seguito del terremoto del 14 febbraio 1981.

A tale scopo, in apertura di seduta, l'*eletto* uscente Giacomo Sgambato, propose i nomi del «dottor fisico signore Berardino Mandese» e di Domenico d'Acierno, fra i quali i presenti avrebbero dovuto scegliere il nuovo *eletto*, che – considerata la data in cui si svolse l'adunanza – avrebbe dovuto assumere ufficialmente le proprie funzioni dal successivo 1° settembre ed espletarle sino al 31 agosto dell'anno seguente (come generalmente avveniva nella gran parte delle *università* del Regno di Napoli), col compito di gestire in maniera onesta ed oculata il patrimonio immobiliare e pecuniario della comunità e di organizzare nel modo migliore la vita socio-economica degli abitanti del casale.

Dopo aver ricordato che l'operato del nuovo *eletto* – soprattutto per le «spese [...][12] estra ordinarie»[13] – sarebbe stato controllato da due *deputati*[14], lo Sgambato passò ad illustrare una serie di questioni affrontate durante il suo *elettato*[15] o da affrontare da parte del suo successore.

Circa la sua amministrazione, Giacomo Sgambato comunicò di aver stipulato una convenzione con l'*eletto* del vicino casale di Quadrelle (che peraltro non faceva

---

[12] Con tre puntini in parentesi quadra viene indicata, qui ed in seguito, la voluta soppressione di un segmento testuale.

[13] *Parlamento*, f. s. n. [ma 1r].

[14] Dal documento in esame non si rileva con chiarezza il ruolo e il meccanismo di nomina dei *deputati*, tuttavia è evidente che essi avevano una funzione di controllo sull'operato dell'*eletto*.

[15] *Parlamento*, f. s. n. [ma 1r].

parte della baronia di Avella)[16] per unificare – e quindi rendere economicamente più conveniente – la cosiddetta *chianca*[17], ossia l'attività di macellazione e di vendita della carne bovina («per le baccine, e bufaline tantum»[18]), sulla quale l'università di Sirignano aveva evidentemente lo *jus prohibendi*, cioè una sorta di diritto di monopolio, come lo stesso Sgambato tenne a ribadire, affermando esplicitamente «che tanto li huomini di Quadrelle quanto di detto casale sieno tenuti, et obligati pigliare forzosamente le carni ove macellerà il chianchiero che si comprerà detta gabella»[19]. Con quest'ultimo accenno alla *gabella*, lo Sgambato fece inoltre chiaramente capire che l'attività di macellazione e vendita della carne sarebbe stata esercitata dalla medesima persona che ne avrebbe comprato la *gabella*, che cioè si sarebbe aggiudicato l'appalto per la riscossione del dazio sulla carne per conto dell'*università*.

---

[16] Sugli stretti rapporti fra Sirignano e i vicini casali di Quadrelle e Mugnano, lo Iamalio scrive: «Non meno notabili e facoltose famiglie aveva Sirignano, che per la sua grande vicinanza a Quadrelle, a Cardinale e a Mugnano, era con queste in istretti rapporti, come fosse un'altra frazione mugnanese, mentre era invece una frazione di Avella, di cui costituiva il quinto e più lontano de' cinque *quartieri*» (A. IAMALIO, *Mugnano del Cardinale nel sec. XVIII*, parte 2ª, in «Atti della Società Storica del Sannio», IV (1926), 1, p. 84).

[17] *Parlamento*, f. s. n. [ma 1r].

[18] *Ibidem.*

[19] *Ibidem.* Sull'argomento si veda L. N[INA], voce *gabella*, in *Enciclopedia Italiana di Scienze, Lettere ed Arti*, vol. XVI, Roma, Istituto della Enciclopedia Italiana, 1950, p. 235.

Lo Sgambato affrontò infine alcune questioni legate alla cura ed alla protezione dei boschi demaniali, che erano considerati all'epoca uno degli interessi primari della collettività e che, pertanto, erano opportunamente tenuti nella massima considerazione.

Su tali problematiche l'*eletto* uscente ricordò, in primo luogo, la necessità di censuare tre selve di proprietà dell'*università* di Sirignano, da affidare – tramite asta pubblica e con «le debite cautele»[20] – esclusivamente «a cittadini di detto casale»[21], sollecitando successivamente l'urgenza di riprendere due azioni legali per la difesa di alcuni boschi, come d'altronde all'epoca avveniva molto frequentemente, a causa di continue contese per «lo sfruttamento di risorse naturali e di diritti giurisdizionali [… per i quali, gli] abitanti, anche dei più sperduti borghi del Regno, si rivolgevano alle magistrature della capitale»[22].

Nel caso specifico, lo Sgambato ricordò in particolare che il nuovo *eletto* avrebbe dovuto «ripigliare gl'atti nella Corte di Mognano delegata dalla Gran Corte della Vicaria»[23] per prevenire i danni che i «carbonieri di Spe-

---

[20] *Parlamento*, f. s. n. [ma 1v].

[21] *Ibidem*.

[22] A. Spagnoletti, *Ufficiali, feudatari e notabili. Le forme dell'azione politica nelle università meridionali*, in «Quaderni Storici», XXVII (1992), 1 (79), p. 232.

[23] *Parlamento*, f. s. n. [ma 1v]. Molto probabilmente la Gran Corte della Vicaria aveva assegnato la causa alla corte baronale di Mugnano e non a quella di Avella (della cui baronia facevano parte sia Sirignano che Sperone), per evitare favoritismi ed assicurare maggiore equità al procedimento. Sulla storia, il funzionamento e

rone»[24] arrecavano al bosco del «Pesco della rosa»[25] ed inoltre avrebbe dovuto, con l'ausilio del «nostro avocato in Napoli»[26], proseguire il procedimento giudiziario presso la Gran Corte della Vicaria, per porre termine ad altri danni che non meglio specificati *carbonieri*[27] provocavano al bosco detto *li Ciniti*[28].

A conclusione dell'intervento dello Sgambato, tutti i partecipanti approvarono quanto quest'ultimo aveva proposto, scegliendo come nuovo *eletto* il medico Berardino Mandese, con una di quelle votazioni palesi e di tipo plebiscitario tipiche dell'*ancien régime*, definite dal Colletta «falsa e sterile apparenza di libertà in quelle incomposte radunanze di plebe, servi e poveri e sfaccendati»[29], ma che – considerati i tempi – costituivano

---

le attribuzioni della Gran Corte della Vicaria si veda R. COLUSSI, *Diritto, istituzioni, amministrazione della giustizia nel Mezzogiorno vicereale*, in *Storia del Mezzogiorno* cit., vol. XI, *Aspetti e problemi del Medioevo e dell'età moderna*, tomo 4°, pp. 52-58.

[24] *Parlamento*, f. s. n. [ma 1v].

[25] *Ibidem.*

[26] Ivi, f. s. n. [ma 2r].

[27] Ivi, f. s. n. [ma 1v].

[28] *Ibidem.*

[29] P. COLLETTA, *Storia del reame di Napoli*, 1834[1], qui citato nell'edizione a cura di A. Bravo, Torino, Unione Tipografico-Editrice Torinese, 1975, p. 466. Analogo giudizio esprime Aurelio Lepre, secondo cui «la forma e le funzioni [dei *parlamenti*] potrebbero far pensare ad una sorta di reggimento democratico, ma si cadrebbe in errore» (*Storia del Mezzogiorno d'Italia*, vol. I, *La lunga durata e la crisi (1500 - 1656)*, Napoli, Liguori Editore (Collana di Storia moderna e contemporanea, 12), 1986, p. 65).

pur sempre apprezzabili spazi di libertà e di autonomia, soprattutto nei confronti del potere baronale, che anche a Sirignano – come si evince dal successivo cap. 3 – costituiva una ingombrante presenza.

Entrato nella pienezza delle sue funzioni il successivo 1° settembre, il Mandese, fra i suoi primi atti, procedette alla stipula di una delle citate enfiteusi sollecitate dallo Sgambato, attraverso una procedura di asta pubblica alla quale parteciparono il 18 ottobre 1718 i sirignanesi Tomaso d'Acierno e Giovanni Miele e che fu vinta, come si rileva dal relativo verbale (qui integralmente pubblicato in appendice, doc. I.2), da Tomaso d'Acierno grazie ad un'offerta di quattro ducati e tre tarì, superiore di due tarì a quella presentata dal Miele. La concessione, come si è già accennato, fu infine perfezionata col rogito del 27 novembre 1718, col quale fu stabilito, fra l'altro, che il titolare della concessione doveva

> la detta selva governare e fare governare d'ogni governo necessario, e che più presto venghi in augumento, che in detrimento, e detti annui censo di annui ducati quattro e tarì tre di carlini d'argento, sia tenuto detto Tomaso ogn'anno alla sudetta università, e per essa alli suoi medesimi eletti assenti, e per essi il detto dottor fisico Berardino, et a me notare publico presente stipulante et accettante et cetera in giorno di Santo Martino prossimo venturo del entrante anno millesettecento, e diecenove[30].

---

[30] *Istrumento*, ff. 90v-91r.

La grande importanza che all'epoca le comunità locali[31], molto intelligentemente, annettevano alla corretta gestione del territorio rurale e montano di propria pertinenza è dunque chiara ed evidente anche in quest'ultimo documento. Sarebbe, tuttavia, estremamente interessante verificare se quanto stabilito negli atti legali aveva poi effettiva corrispondenza con la realtà dei fatti e dei comportamenti individuali e collettivi.

---

[31] Delle comunità rurali del Mezzogiorno in età moderna si sono interessati, fra gli altri, due storici francesi: G. DELILLE, *Croissance d'une société rurale. Montesarchio et la Vallée Caudine aux XVIIe et XVIIIe siècles*, Napoli, Istituto Italiano per gli Studi Storici, 1973, ed. it. *Crescita e crisi di una società rurale. Montesarchio e la Valle Caudina tra Seicento e Settecento*, a cura di F. Di Donato, Bologna, Il Mulino, 2014; G. LABROT, *Quand l'histoire murmure. Villages et campagnes du Royaume de Naples (XVIe-XVIIIe siècle)*, Roma, École Française de Rome, 1995.

Appendice I[1]

I.1 Verbale del *parlamento* dell'*università* di Sirignano del 28 agosto 1718.

(ARCHIVIO DI STATO DI AVELLINO, *Protocolli Notarili del distretto di Avellino*, I vers., notaio Giovanni Angelo Bianco, b. 4773, vol. 7868, ff. n. n. compresi tra i ff. 88v e 89r)

Copia et cetera Die vigesima octava mensis augusti millesimo septingentesimo decimo octavo. In Casale Sirignani, e proprie ante parochialem ecclesiam casalis praedicti ubi similia fieri solunt, et coram domino don Hijeronijmo Corcione gubernatore Status Abellarum et Casalium, emenatis prius publicis bannis per ordinem iuratum per loca solita e consueta Casalis praedicti pro conficiendo infrascripto colloquio, ad honorem Dei, et pro beneficio publico et cetera.

---

[1] Nella trascrizione dei documenti pubblicati in questa e nelle successive appendici ho operato sui testi originali i seguenti interventi: scioglimento delle numerose abbreviazioni; rari interventi di ridefinizione di maiuscole, accenti e punteggiatura; abbassamento delle lettere in apice; inserzione in parentesi quadra di: a) tre puntini seguiti da un punto interrogativo per indicare termini non decifrati, b) un punto interrogativo per indicare termini trascritti ma di dubbia interpretazione, c) la dicitura *sic* per segnalare la fedele trascrizione di alcuni termini, presenti nei documenti in forma leggermente diversa da quella oggi usata. Ho, infine, sostituito le emergenze con le più comuni e pratiche rientranze.

Un angolo del centro storico di Sirignano (in via Marconi), come appariva prima del terremoto del 14 febbraio 1981.

Il magnifico Giacomo Sgambato hodierno eletto del casale di Sirignano fa intendere a voi huomini, e particolari di esso, come già sta per terminare l'officio del suo elettato e secondo l'antico solito, e servata la forma della regia prammatica si deve creare il suo successore, e nuovo eletto che dovrà governare, et administrare il peculio di detta Università, e che sia persona bene istante, timorata di Dio, e che non li osta la regia prammatica per tanto dal suo canto nomina due persone cittadine, e sono il dottor fisico signore Berardino Mandesi[2] e Domenico d'Acierno del quondam Donato, chi delle due meglio vi parirà quello debbia esercitare detto officio d'eletto, con che li danno due deputati e sono Domenico Sgambato et Angelo d'Acierno, che nette quelle spese si farando estra ordinarie con le firme di detti deputati le siano ammesse nella reddazione de suoi conti.

Di più vi fa sapere, come voi istessi cittadini venite mal serviti nel comprare la carne baccina nella chianca del Cardinale la qual causa si è avuta convenzione col magnifico eletto delle Quadrelle di riunire come un tempo fa la chianca di Quadrelle con quella di questo Casale, per le baccine, e bufaline tantum, e che tanto gli huomini di Quadrelle quanto di detto Casale sieno tenuti, et obligati [*sic*] forzosamente le carni ove macellerà il chianchiero che si comprerà detta gabella, che sarà nella taverna detta la Torretta del Cardinale, o pure in giurisdizione di questo

---

2 Sul medico Berardino Mandese (il cui cognome è qui stranamente indicato nella forma plurale «Mandesi») si veda la nota 9 del cap. 2.

Casale ove sarà tenuto ammazzare dette baccine, se li propone acciò ne diciate il vostro parere.

Di più vi fa sapere, che si deve dal venturo e nuovo eletto in tre parte, le selve, che furono di Geronimo d'Acierno alias Sciore, e quella anche detta d'Andrea Maietta alias Gianformera a cittadini di detto Casale, e che emenati li banni se ci accenda la candela, e liberarsi all'ultimo licitatore, e più offerente, con farsene le debite cautele, con che a quella persona resterà detto affitto seu censuazione per lo spazio d'anni otto continui non ne debbiano tagliare albori fruttiferi, da quelle, ma le debbiano augumentare e quelli poi elassi debbiano tagliare, e fare come loro pare, e piace.

Di più si fa intendere che dalli carbonieri di Sperone a viva furia danneggiano e tagliano a Bosco Strutto [?], il bosco detto il Pesco della Rosa destinato per servizio di questo Casale lo che ci apporta sommo danno, che però sia tenuto detto eletto, di ripigliare gl'atti nella corte di Mognano delegata dalla Gran Corte della Vicaria, e fare desistere detti carbonieri dal taglio sodetto colle pene in essa [...?] esposte e questo colla più sollecitudine si deve.

Di più vi fa noto che dalli carbonieri, che tagliano le cerquelle di questo medesimo dimanio detto li Ciniti, hanno fatto molto danno, nel taglio sudetto, con tagliare radiche, estirpare le pedagne ed altro onde le comparse in Vicaria, e spesoseci docati dodeci in circa e di poi non si è proseguito detto giudizio, onde si deve dall'eletto nuovo repigliaresi detti atti e proseguire detta lite col nostro avocato [sic] in Napoli, e portarlo nel fine, che però ogn'uno di voi dica il suo parere, acciò quel tanto che si concluderà dalla maggior parte di voi, quello si farà, e non altrimente né d'altro modo et cetera.

Il magnifico dottor fisico Berardino Mandesi è di parere che si faccia per eletto il detto Domenico d'Acierno, et intorno alli soprascritti capi, che si faccia quanto si è asserito di sopra. Mercurio Caruso cittadino è di parere, e nomina per eletto il magnifico dottor fisico Berardino Mandesi, e che si osservino netti li sudetti capi come sopra stanno descritti. Nicola Conte nomina per eletto il sopradetto dottor fisico Berardino Mandesi, et si osservano li sopradetti capi

    Felice di Lucia ut supra[3]
    Tomaso Fiordellisi ut supra
    Francesco di Fusco ut supra
    Domenico Miele ut supra
    Giacomo d'Acierno ut supra
    Bartolomeo Peluso ut supra
    Francesco Sgambato ut supra
    Stefano d'Acierno ut supra
    Stefano Caruso ut supra
    Antonio Iuliano ut supra
    Lorenzo Miele ut supra
    Vincenzo Caruso ut supra
    Gioseppe Caruso ut supra
    Bartolomeo Sannullo ut supra
    Vincenzo d'Acierno ut supra
    Bartolomeo Sgambati ut supra

---

[3] *ut supra*: come sopra.

Gioseppe Cassano ut supra
Angelo d'Agnone ut supra
Francesco Iuliano ut supra
Antonio Fiordellisi ut supra
Carmine d'Acierno ut supra
Domenico Antonio Sannullo ut supra
Giovanni Sgambato ut supra
Gennaro Caruso ut supra
Marco d'Acierno ut supra.

Et sic a maiori parte civium fuit conclusum secundum opinionem supradicti Mercurij Caruso et ita per nos confirmatum fuit, ac nemine discrepanti[4], et a praedicto magnificus electo Iacobo Sgambato prenominatum fuit Girolamo Corcione gubernatore, e giodice.

Nos Iohannes Angelus Bianco cancellarius

Extracta est praesens copia a libro conclusionum Universitatis Casalis Sirignani, cui me refero, et facta collatione concordat meliori semper salva, et in fidem ego notarius Iohannes Angelus Bianco terrae Mugnani, et ordinarius cancellarius casalis praedicti requisitus signavi (MF)

---

[4] *Nemine discrepanti*: nessuno in disaccordo, cioè all'unanimità.

I.2 Verbale dell'asta pubblica tenuta a Sirignano il 18 settembre 1718

(ARCHIVIO DI STATO DI AVELLINO, *Protocolli Notarili del distretto di Avellino*, I vers., notaio Giovanni Angelo Bianco, b. 4773, vol. 7868, f. n. n. compreso tra i ff. 88v e 89r)

Copia et cetera Die decima octava mensis septembris millesimo septingentesimo decimo octavo in Casale Sirignani, et coram subscripto domino gubernatore.

Il magnifico dottor fisico Berardino Mandesi hodierno eletto di questo Casale intende censuare la selva comprata dal quondam Andrea Maietta di detto Casale, nel luogo dove si dice la Serra da sopra la via delli Muli, giusta li beni d'Antonio Coluccio, Pietro Tonacella di Bajano, et altri confini, col patto però, che la debbiano governare d'ogni governo necessario, che venghi più presto in augumento che in detrimento; e per lo spazio d'anni otto continui non ci debbiano tagliare nessuna sorte d'albori, e quelli elassi possano tagliare a loro arbitrio, e stipularne le dovute cautele a conseglio de savij. E accesasi la candela[5] per Marco Montanile ordinario giurato di

---

[5] Sulle modalità della cosiddetta *asta alla candela*, si vedano J. A. MARINO, *L'economia pastorale nel Regno di Napoli*, Napoli, Guida Editori (L'altra Europa, 8), 1988, p. 137 e A. SINISI, *Il "buon governo" degli uomini e delle risorse. Gestione di uno "Stato" feudale e governo del territorio nel Mezzogiorno fra Settecento e Ottocento*, Napoli, Edizioni «La Città del Sole» (Passato e presente, 2), 1996, p. 113n.

detto Casale sopra la censuazione di quella, affrancabile quandocumque per il prezzo di ducati ottanta cinque, così apprezzato per esperti e così [...?] da detto giurato sono comparse le sottelencate persone

Tomaso [*sic*] d'Acierno ducati quattro________ 4
Giovanni Miele ducati quattro e un tarì________ 4 – 1
Tomaso d'Acierno ducati quattro e tre tarì____ 4 – 3

Et estinta, et morta detta candela, è remasta la sudetta selva al sodetto Tomaso d'Acierno per detta summa di ducati quattro e tarì tre come ultimo licitatore, e più offerente.

Presenti per testimoni il magnifico Anibale [*sic*] Piciocco di Bajano, Antonio Pagano della Terra delle Quadrelle ed altri di detto Casale di Sirignano.

Segno di croce di propria mano di Tomaso d'Acierno scribere nescientis ut dixit

Io Anibale Piciocco sono testimonio
Io Antonio Pagano sono testimonio
Girolamo Corcione giudice e governatore
notarius Iohannes Angelus Bianco cancellarius.

Extracta est praesens copia a suo proprio originali ut iacet sistente in libro conclusionum, et accensionis candelae Casalis Sirignani cui me refero, et facta collatione concordat meliori ordinarius cancellarius Casalis praedicti requisitus signavi (MF)

2. *Havendola trattata da vera sua sposa*

L'operosità materiale ed economica
del parroco don Andrea Mandese

Nelle ultime pagine del secondo registro dei battezzati della parrocchia di Sant'Andrea Apostolo di Sirignano (relativo agli anni compresi fra il 1626 e il 1686)[1] sono trascritti due documenti – qui integralmente pubblicati in appendice – notevolmente importanti per la storia del piccolo centro della Bassa Irpinia e non privi di elementi utili per l'approfondimento della storia sociale e religiosa dell'agro nolano e del Mezzogiorno, in generale, in età moderna.

Il primo dei due documenti – che, per brevità e comodità nei riferimenti, sarà indicato come documento A – oltre ad un dettagliato elenco dei parroci e dei rettori della chiesa di Sirignano dal 1561 al 1708, illustra, infatti, con riferimenti molto precisi, l'attività e le iniziative di natura materiale ed economica intraprese da don Andrea Mandese[2] nella qualità di parroco di Sirignano dal 1657 al

---

[1] ARCHIVIO STORICO DIOCESANO DI NOLA (da ora in poi ASDNo), *Libri parrocchiali*, registro 794/1, *Liber II baptizatorum ab anno 1626 usque ad annum 1685* [della Parrocchia di Sant'Andrea Apostolo di Sirignano].

[2] Andrea Mandese, figlio del notaio Domenico e di Felicia Siniscalco, nato a Sirignano il 7 febbraio 1633, lo stesso giorno fu

1708, mentre il secondo – molto più breve del primo ed indicato, in questo studio, come documento B – descrive gli *oblighi* cui era tenuto il parroco di Sirignano fra la seconda metà del Seicento e i primi anni del Settecento.

Entrambi i documenti non recano alcuna firma, tuttavia – almeno il documento A – è in buona parte attribuibile proprio a don Andrea Mandese, anche se fu poi trascritto nel II Libro dei Battezzati da un successivo sacerdote rimasto ignoto, il quale, dopo aver annotato le notizie (probabilmente da lui raccolte) sui vari parroci dal 1561 al 1708, trascrive un documento elaborato da don Andrea Mandese, a proposito del quale precisa testualmente:

> [...] in questo tempo di anni cinquanta in circa
> che è stato paroco ha fatto questi beneficij alla
> sua parochiale chiesa havendola trattata da vera
> sua sposa e con tutto il cuore l'ha servita [e] ha
> scritto il sequente beneficio che ha fatto[3].

battezzato dal prozio don Pompeo Mandese, avendo come madrina Vittoria Sgambata (ASDNo, *Liber II baptizatorum … cit.*, f. 7v). Nell'agosto 1656 successe a don Pompeo Mandese, prima come economo e successivamente, dal marzo dell'anno seguente, come parroco di Sirignano. Spentosi il 24 ottobre 1708, fu sepolto nella chiesa parrocchiale di Sirignano e, precisamente, nella cappella della famiglia Mandese, dedicata alla Vergine del Carmelo («eius corpus sepultus fuit in dicta parochiali Ecclesia et proprie in Cappella Sancta Maria Montis Carmeli de eius familia») (ASDNo, *Libri parrocchiali*, registro 8 R, *Liber II defunctorum ab anno 1685 usque ad annum 1721* [della Parrocchia di Sant'Andrea Apostolo di Sirignano], f. 35).

[3] Documento A, f. 222r.

Nella parte iniziale relativa ai parroci, il primo elemento di rilievo che il documento fornisce sul piano della storia locale, riguarda la sospensione dall'incarico di parroco di Sirignano irrogata a don Annibale Galasso nel 1561, in quanto il medesimo «non attendeva alla detta parochia»[4]. Proprio in quell'anno, infatti, nel corso della prima Visita Pastorale effettuata dalla Curia vescovile di Nola[5], della cui diocesi Sirignano fa tuttora parte, non solo la chiesa parrocchiale di Sant'Andrea Apostolo fu trovata deserta, senza porta e in parte priva di tetto[6] («deserta et sine clausura, et in pluribus locis tecti discoperta et pluit intus dictam ecclesiam»), ma fu constatata anche l'assenza del parroco[7], che – senza essere neppure

---

[4] Ivi, f. 221v.

[5] ASDNo, *Libri delle Sante Visite*, vol. III, A/3-d, *Sancta Visitatio Generalis Nolanae Diocesis peracta Anno Domini MDLXI*, ff. 173v-175r. *Ibidem* i successivi passi virgolettati e in parentesi tonda.

[6] Un analogo stato di abbandono di alcune chiese di Salerno durante il XVI secolo è segnalato da A. CESTARO, *L'archidiocesi di Salerno prima e dopo Seripando*, in IDEM, *Studi e ricerche di storia sociale e religiosa (dal XVI al XX secolo)*, Venosa, Edizioni Osanna Venosa (Collana di studi e fonti per la storia del Mezzogiorno, 4), 1996, p. 16.

[7] Sul diffuso fenomeno dell'assenza di parroci e rettori dalle rispettive chiese nella diocesi di Nola in età moderna, si vedano in particolare: S. D'AVANZO, *La visita pastorale di Antonio Scarampo nella diocesi di Nola (1551-1561)*, in «Ricerche di storia sociale e religiosa», Nuova Serie, V (1976), 9, pp. 215 e 233; G. MAESE, *La diocesi di Nola tra XVI e XVII secolo (1551-1644)*, in *Chiesa, assistenza e società nel Mezzogiorno moderno*, a cura di C. Russo, Galatina, Congedo Editore (Università degli studi di Lecce. Di-

citato negli atti della Visita – fu condannato in contumacia («pro contumaci reputatus et condemnatus ad penas contentus in edicto, et in sacris canonibus»).

Il documento in esame chiarisce, dunque, chi fu il parroco che nel 1561 aveva abbandonato la chiesa e la comunità parrocchiale che gli era stata affidata e, in qualche modo, spiega anche che tale comportamento non fu dettato da mero egoismo o da noncuranza ma scaturì probabilmente da seri motivi, giacché dopo un «processo nella Corte Vescovile di Nola»[8], nel 1585 don Annibale fu reintegrato nel precedente incarico.

Notevolmente importanti, per la storia di Sirignano, si rivelano anche le numerose notizie che l'anonimo estensore fornisce intorno alla famiglia Mandese[9] – di

---

partimento studi storici dal Medioevo all'età contemporanea, 33), 1994, p. 125.

[8] Documento A, f. 221v.

[9] Sulla famiglia Mandese rimangono fondamentali le notizie raccolte dal Guadagni nella seconda metà del Seicento (C. GUADAGNI, *Nola Sagra [1688]*, ristampa a cura di T. R. Toscano, Massa Lubrense, Il Sorriso di Erasmo Edizioni Lubrensi (Ager Nolanus, 1), 1991, pp. 247-248). Di notevole interesse si rivelano, inoltre, le numerose annotazioni sui Mandese rilevabili dai saggi sulla storia di Mugnano del Cardinale di Antonio Iamalio, il quale fa riferimento, tra l'altro, ad un libro di memorie scritto da Berardino Mandese, medico sirignanese vissuto fra il XVII e il XVIII secolo, citato sia nel documento in esame che nei documenti esaminati nel precedente capitolo (A. IAMALIO, *Mugnano del Cardinale nel sec. XVIII*, parte 2ª, in «Atti della Società Storica del Sannio», IV (1926), 1, pp. 85-93). Purtroppo di tale prezioso manoscritto, consultato dallo Iamalio nell'Archivio Parrocchiale di Sirignano, si sono poi perse le tracce.

cui, molto probabilmente, era membro[10] – che dal XVI al XVIII secolo fu una delle più facoltose ed importanti del paese e della quale viene indicato come capostipite un Andrea (vissuto nel '500) e due suoi figli: Francesco (battezzato l'8 ottobre 1577) e Giovanni Alfonso (battezzato il 25 aprile 1585).

Dopo tali notizie – sui parroci e sulla famiglia Mandese – il documento, come si è detto, prosegue con la trascrizione di una memoria di don Andrea Mandese relativa alla sua opera a favore della parrocchia di Sirignano che, oltre agli elementi di interesse strettamente locale, elargisce tutta una serie di dati sicuramente utilizzabili in più direzioni sul piano più generale della storia socio-economica del Meridione.

Un primo elemento di carattere storico-economico che il documento consente di focalizzare riguarda l'attivo ruolo esercitato dalla parrocchia di Sirignano nell'ambito dell'economia locale fra Seicento e Settecento, sia sul versante degli investimenti immobiliari, sia su quello del commercio del danaro, vale a dire in una serie di attività oggi assolutamente impensabili per una piccola chiesa rurale ma che, all'epoca, erano poste in essere dalla quasi totalità delle parrocchie e degli enti ecclesiastici[11] e rap-

---

[10] Trascrittore e, in parte, autore del documento A fu quasi certamente un don Pompeo Mandese (nipote di don Andrea) che, col titolo di economo, resse la parrocchia sirignanese per alcuni mesi dopo la scomparsa dello zio.

[11] Per l'area campana cfr. in proposito C. Russo, *I redditi dei parroci nei casali di Napoli: struttura e dinamica (XVI-XVIII secolo)*,

presentavano gli strumenti attraverso i quali si realizzava una sorta di perfetta simbiosi sociale, in un momento in cui «Chiesa e società avevano bisogno l'una dell'altra, la prima anche per sopravvivere, la seconda per agevolare le proprie istanze di sviluppo»[12].

Con perfetta buona fede, dunque, don Andrea Mandese, annota di aver fatto costruire una seconda sacrestia, «una casa a mano sinistra che confina con la Teglia»[13], ed «una casetta sotto le campane che s'affitta carlini 25»[14] ed inoltre elenca l'acquisto, per conto della parrocchia, di cinque terreni, di cui tre selve, per il ragguardevole importo complessivo di 245 ducati, mentre per ciò che concerne il commercio del danaro, il documento registra la restituzione alla parrocchia di 25 ducati da parte dell'*università*[15] di Sirignano, peraltro «debetrice di maggior

in *Per la storia sociale e religiosa del Mezzogiorno d'Italia*, a cura di G. Galasso e C. Russo, vol. I, Napoli, Guida Editori (Esperienze, 57), 1980, pp. 68-69; F. BARRA, *Presenza religiosa, radicamento sociale e struttura proprietaria dei Domenicani ad Avellino nell'età moderna*, in «Rassegna Storica Irpina», 7-10/1 (1993-4): «Irpinia Sacra». *Chiesa e società nell'età moderna*, pp. 206-222; A. LEPRE, *Rendite di monasteri nel Napoletano e crisi economica del Seicento*, in «Quaderni Storici», V (1970), 15, pp. 844 ss.

[12] A. PLACANICA, *Moneta prestiti usure nel Mezzogiorno moderno*, Napoli, Società Editrice Napoletana (Collana di ricerche e analisi storiche, 6), 1982, p. 312.

[13] Documento A, f. 223r. Per il toponimo *la Teglia* si veda la nota 10 dell'appendice II.

[14] Ivi, f. 224v.

[15] Per il significato del termine *università* come comunità dei cittadini di un centro abitato, si rinvia al cap. 1.

summa a detta chiesa»[16] e il prestito di 35 ducati ad Antonio Caruso «a ragione di otto per cento e poi restituiti e dati a Nicola Petruccio»[17].

Un secondo elemento di rilievo presente nel memoriale di don Andrea è poi costituito dalla citazione di tre coltivazioni arboree (il gelso, il ciliegio e il castagno) che, fra il XVII e il XVIII secolo, non erano ovviamente presenti solo nel territorio sirignanese ma erano diffuse sia nell'agro nolano (il gelso e il ciliegio), sia in tutta l'area oggi identificata come Bassa Irpinia (in particolare il castagno) e che oggi sono quasi completamente scomparse, sostituite dalla monocoltura del nocciòlo.

Oltre al gelso, al ciliegio e al castagno, il documento, citando l'esistenza a Sirignano di un *centimolo*[18], ossia di un frantoio oleario, testimonia, in maniera indiretta, la presenza di un quarto tipo di coltivazione arborea, quella dell'ulivo, documentata nella zona già dal Medioevo[19] e che, bene o male, ancora oggi sopravvive nelle aree collinari.

Una terza notizia particolarmente interessante per la storia di Sirignano si rileva, infine, dalle annotazioni che don Andrea dedica alla lite da lui sostenuta con i parroci di Mugnano del Cardinale e di Quadrelle in merito

---

[16] Documento A, f. 222v.

[17] *Ibidem*.

[18] Ivi, f. 225v.

[19] Cfr. P. M. Tropeano, *Codice Diplomatico Verginiano*, Montevergine, Edizioni Padri Benedettini, voll. II, IV, V, VII, VIII, 1978-1984, *passim*.

all'estensione territoriale delle rispettive giurisdizioni parrocchiali. Lite che si concluderà solo parecchi anni dopo, con una convenzione, stipulata nel 1733, tra don Gaetano de Lucia (parroco di Sirignano) e don Stefano Giuliano (parroco di Quadrelle)[20].

Non meno rilevanti sono poi le notizie sui miglioramenti che don Andrea Mandese attesta di aver apportato all'edificio della chiesa parrocchiale, al cui interno egli scrive di aver fatto erigere una balaustra per dividere il presbiterio dalla navata e di aver fatto risistemare la gradinata dell'altare maggiore, mentre all'esterno annota di aver provveduto al rifacimento dell'*arricciatura*, ossia dell'incalcinatura dei muri, alla copertura della cupola (successivamente del tutto eliminata) e, soprattutto, di aver fatto realizzare una «imagine di Sant'Andrea nel nicchio da fuora sopra la porta»[21] anch'essa, purtroppo, scomparsa.

Riguardo al patrimonio artistico, nell'indicare il rifacimento della gradinata dell'altare maggiore, il documento fa anche un vago riferimento ad un dipinto («Più ho portata l'icona e fatto la gradiata del altare maggiore dove vi ho speso docati diece»[22]), che non è possibile, di primo acchito, individuare con certezza ma che, secondo un in-

---

[20] Sull'argomento mi permetto di rinviare a P. COLUCCI, *Così Quadrelle nel Seicento*, in «Il Quotidiano del Sud» (edizione Irpinia), 24 dicembre 2016, p. 42.
[21] Documento A, f. 223r.
[22] Ivi, f. 224v.

teressante studio[23], va identificato con l'icona dell'altare maggiore, che sarebbe stata restaurata nel 1704 proprio a cura di don Andrea Mandese.

Il documento B che, come si è già evidenziato, è molto più breve del documento A ed occupa il retto e il verso del solo foglio 227, riguarda gli *oblighi*, quasi esclusivamente di carattere finanziario, ai quali – fra Sei e Settecento – doveva far fronte il parroco di Sirignano.

Fra tali *oblighi*, i più interessanti sul piano socio-religioso sono quelli relativi all'allestimento del cosiddetto «sepolcro [durante] la Settimana Santa»[24], ossia quel particolare addobbo oggi indicato come *altare della reposizione*, e soprattutto l'annotazione della festa in onore del patrono Sant'Andrea Apostolo che, probabilmente il 30 novembre, veniva organizzata a spese del parroco. Una festa dalle forme e dai contenuti in parte presumibilmente diversi da quelli odierni, ma che tuttavia costituiva sicuramente già allora, come lo costituisce tuttora, non solo una gioiosa occasione di riaggregazione familiare e comunitaria, ma anche un momento caratterizzato da una «forte carica emotiva [... con] un potere catalizzatore nei confronti della collettività»[25] giacché il «Santo

---

[23] A. SOLPIETRO - M. TOSCANO, *La 'cona' di Sant'Andrea Apostolo in Sirignano dalle fonti archivistiche dell'Archivio Storico Diocesano di Nola*, in *Sottostrati noncuranti. Restauri d'arte fra Salerno e Avellino*, a cura di A. Cucciniello, Salerno - Napoli, Soprintendenza BSAE - Editrice Politecnica Napoli, 2011, pp. 59-60.

[24] Documento B, f. 227r.

[25] M. CAMPANELLI, *Feste e pellegrinaggi nel XVI e nel XVII secolo*,

Patrono aveva il ruolo di un avvocato, che ha avuto dai suoi clienti, la comunità o la città, il mandato di proteggerli»[26] e con il quale si instaurava una sorta di "patto" che la festa annuale contribuiva a rafforzare.

in *Storia del Mezzogiorno*, vol. IX, *Aspetti e problemi del Medioevo e dell'età moderna*, tomo 2°, Napoli, Edizioni del Sole, 1991, p. 503.
[26] J.-M. SALLMANN, *Il santo patrono cittadino nel '600 nel Regno di Napoli e in Sicilia*, in *Per la storia sociale e religiosa del Mezzogiorno d'Italia*, a cura di G. Galasso e C. Russo, vol. II, Napoli, Guida Editori (Esperienze, 1), 1982, p. 200. Sull'argomento vedasi anche IDEM, *Image et fonction du saint dans la région de Naples à la fin du XVII[e] et ai début du XVIII[c] siècle*, in «Mélanges de l'Ecole Française de Rome, Moyen-Age et Temps Modernes», 91, 1979/2, pp. 827 ss.

Appendice II[1]

II.1 Documento A

(Archivio Storico Diocesano di Nola, *Libri Parrocchiali*, registro 794/1, *Liber II baptizatorum ab anno 1626 usque ad annum 1685* [della Parrocchia di Sant'Andrea Apostolo di Sirignano], ff. 221v- 225v)

Nel anno 1561 fu paroco [*sic*] della chiesa di Sant'Andrea del casale di Sirigniano [*sic*] don Anibale [*sic*] Galasso della Terra d'Arienzo e perché non attendeva alla detta parochia fu da monsignor Scaranpo[2] [*sic*] allora vescovo di Nola sospeso, conforme costa dal processo nella corte vescovile di Nola. Successe in suo luogo don Giovanni Nicola Bruno e durò sin al 1577, doppo fu don Prisciano Stincone delle Quatrelle e durò sin al 1585 et

---

[1] Per i criteri di trascrizione dei documenti che seguono, si veda la nota 1 dell'appendice I.

[2] Su Antonio Scarampo (Acqui 1516 - Lodi 1576) vescovo di Nola dal 1549 al 1568, si vedano: F. Ughelli, *Italia Sacra sive de episcopis Italiae et insularum adjacentium*, presso Sebastiano Coleti, Venezia, vol. IV, 1717, col. 684 e vol. VI, 1720, coll. 260-261; G. Remondini, *Della Nolana ecclesiastica storia*, Napoli, Stamperia Simoniana, vol. III, 1757, pp. 217-227; S. D'Avanzo, *La visita pastorale di Antonio Scarampo ... cit., passim*; F. R. De Luca, *I vescovi di Nola nei medaglioni della cattedrale*, Napoli, Istituto Grafico Editoriale Italiano (Itinera, 28), 2000, pp. 156-157.

battizzò quello gran medico chirurgo Francesco Mandesi[3] figlio d'Andrea a 8 ottobre 1577.

Nel 1585 successe rettore don Ottavio Lanza calabrese il quale a di 25 aprile 1585 battizzò Giovanni Alfonso Mandesi fratello di detto Francesco medico chirurgo, et in detto anno 1585 supervenne e ritornò detto don Anibale Galasso credo per la causa so detta.

Poi nel 1596 successe don Felice Masuccio[4] di Mugnano sin al 1626, doppo successe don Sabastiano [*sic*] Stincone e doppo [...?] anni don Pompeo Mandesi[5] sino a 1656 e doppo don Andrea Mandesi dal 1657 sin al 1708 che morse a 27 8bris 1708[6].

---

[3] Per una evidente ed inspiegabile forzatura del trascrittore, il documento indica il cognome Mandese sempre nella forma plurale «Mandesi» anche quando è riferito ad una sola persona. In realtà sia don Pompeo che don Andrea, nel registro parrocchiale nel quale è trascritto il documento in esame, firmano le registrazioni dei battesimi usando la forma «Mandese», che, pertanto, ho adottato nel presente lavoro, ritenendola la versione più corretta.

[4] Nel 1601 don Felice Masuccio fu diretto testimone di alcuni prodigiosi eventi verificatisi nella chiesa di Sirignano, per i quali mi permetto di rinviare a P. COLUCCI, *I prodigiosi avvenimenti del 1601 a Sirignano*, Napoli, Istituto Grafico Editoriale Italiano (Itinera, 33), 2001.

[5] Sull'esemplare figura di questo sacerdote (da non confondere con il suo omonimo discendente, probabile estensore del documento qui pubblicato) e sulla sua eroica morte durante la peste del 1656, si veda C. GUADAGNI, *Nola Sagra* cit., pp. 247 s.

[6] Questa indicazione della data di morte di don Andrea Mandese, che, tra l'altro, non coincide con quella riportata nel *Liber II defunctorum* ... etc. (si veda la nota 2 del cap. 2), è all'origine di un

Il quale in questo tempo di anni cinquanta in circa che è stato paroco ha fatto questi beneficij alla sua parochiale chiesa havendola trattata da vera sua sposa e con tutto il cuore l'ha servita ha scritto il sequente [*sic*] beneficio che ha fatto.

In primis comprata una selva che fu del quondam[7] Paolino Trenchese nel luogo detto il Cugnulo iusta li beni di detta chiesa e confina con Le Ciraselle, beni baronali et vi è la via vicina che va alla valle del quondam Cesare Caruso per docati 25 d'Angela Lippiello nel anno 1666 per mano di Notare Alfonzo [*sic*] Vetrano del denaro pervenuto dalla predetta [?] vendita de cerque della Porca di Sant'Andrea: [docati] 25.

Più comprata un'altra selva nel luogo dove se dice del quondam Marco Tranchese iusta li beni di detta chiesa, li beni baronali e li beni de Donato Caruso alias Trionfo [?] per docati 35 da Stefano d'Agnone di Quatrelle l'istromento per mano di notare Nicola Felice Pecchia di Mugnano. Nell'anno 1672 .

Più comprata un'altra selva che fu anche del quondam Paolino nel detto luogo detto il Cugnulo che fu comprata

---

equivoco nel quale incorre un anonimo lettore del documento, identificabile verosimilmente in uno dei parroci del XIX secolo. Costui, infatti, non rendendosi conto di leggere una trascrizione integrata e ritenendo, con una certa ingenuità, che sia stato lo stesso don Andrea Mandese a preannunziare la data della propria morte, annota sull'esiguo margine sinistro della pagina i due seguenti commenti: «predice la sua morte» e, leggermente più in basso, «Encomia le sue glorie».

[7] *quondam*: defunto.

dal dottor fisico Berardino Mandesi e da detto venduta a detta parochiale chiesa da don Michele Nappi per docati 25 e sono li stessi restituiti dal università di Sirigniano [*sic*] debetrice di maggior summa a detta chiesa atteso gli altri docati 35 complimento di docati 60 furono dati ad Antonio Caruso e per essi annui docati ***[8] a ragione di otto per cento e poi restituiti e dati a Nicola Petruccio ut patet per istromento per mano di notare Domenico Mandesi.

Più comprati due pezzi di territorij detto Le Lenze e quelli con assenzo di Roma e poi di Nola cambiati con due selve anche nel Cugnulo del detto dottore fisico Berardino Mandesi per docati 160 in circa conforme per istromento per mano di notare Francesco Giardini di Baiano nel anno 1702 tutti consequendi da Aniello di Fusco e don Salvatore Fiordellisi dependentino dalla vendita de lignami cedue della detta chiesa a Santo Celiesto[9] conforme il tutto appare per mano di detto notare l'anno 1691.

Nel anno 1657 in 58 fece alla detta parochia l'astrico et una sepoltura con arricciare detta chiesa da fuora,

---

[8] Dopo il termine «docati» nel documento è presente uno spazio bianco, che ho evidenziato con tre asterischi.

[9] Il toponimo *San Celiesto* è tutt'oggi usato per indicare una località collinare a nord dell'attuale centro abitato di Sirignano, ove nel Medioevo esisteva una chiesa, poi scomparsa, dedicata a San Celeste (cfr. *Rationes Decimarum Italiae nei secc. XIII e XIV. Campania*, a cura di M. Inguanez - L. Mattei Cerasoli - P. Sella, Città del Vaticano, Biblioteca Apostolica Vaticana, 1942, p. 299).

l'imagine di Sant'Andrea nel nicchio da fuora sopra la porta, i lastreche nella casa di detta chiesa sotto e sopra con porta e finestra; feci fare il muro da fondamento al cortile di dette case che confina con il quondam Francesco d'Acierno dove spesi docati 60 de miei propri denari.

Et nel anno 1685 feci una casa a mano sinistra che confina con la Teglia[10] e l'orto di detto quondam Francesco d'Acierno da fondamenti tutta nova dove de miei propri denari spesi docati 50.

Rinovai la sacrestia che era diruta et il paroco se vestiva per celebrare messa dietro la icona del altare maggiore, con farci porta e finestra con uno stipo grande preso [*sic*] di detta sacristia dove spesi docati venti; fattoci lo soppigno[11]; doppo diece anni tre pianete et altri spesi anche de miei da docati quindici.

Ho fatto due camesi, messale nuovo speso docati diece.

Ho comprata una sfera dal università d'Avella per porvi il Santissimo docati sedici cioè diece de miei propri denari e docati sei del detto casale.

---

[10] Con la locuzione *'mmiez'a teglia* si indica tuttora la piazza antistante alla chiesa parrocchiale di Sirignano (ufficialmente piazza Principessa Rosa), nella quale (proprio davanti alla chiesa) fanno bella mostra di sé tre maestosi tigli, due dei quali piantati nel 1876 dal parroco don Salvatore Napolitano. Il toponimo *la Teglia* (al singolare) citato dal documento in esame, indica che, prima di quelli piantati nel 1876, esisteva un altro albero di tiglio più antico, alla cui ombra si riuniva il *parlamento* dell'*università* di Sirignano.

[11] *Soppigno*: tetto spiovente con copertura in tegole, che permette l'utilizzazione del sottotetto.

Ho fatto l'orgono [*sic*] nuovo dove si sono spesi da docati 120 delli quali vi sono docati 20 delle cerque tagliate alle Lenze di detta chiesa, docati quattordici di detto casale, docati dodici di diversi devoti e l'altro l'ho speso de miei propri denari e docati otto di notare Giovanni Anttonio Mandesi mio fratello.

Io predetto don Andrea et mio fratello notare Giovanni Antonio habbiam fatte le vetrate a detta chiesa che me diede detto notare docati 30 e ne feci anco lo piede a detto organo dove si spesero da docati 40.

Ho piantato più de mille castagnoli alle selve di detta chiesa in diverse volte delli quali oggi giorno danno frutto ma si non fussero stati danneggiati dalle capre renderean assai più dove vi ho speso più di docati 80.

Ho fatto il pioviale ho speso docati 20.

Ho fatto l'incensiero e navatta [*sic*] d'argento si spese docati 35.

S'è fatto il battisterio tutto nuovo con li vasi d'argento speso docati otto 8 con ponere carlini venti alla pissita: 2.

Ho coperta la cupola di detta chiesa de tetti; spesi docati venti per la lite tra il parroco di Mugnano e delle Quatrelle che pretendevene che la taverna della Torretta nel Cardinale, le case del quondam Mastro Giulio Fiordellisi[12] et la torretta del quondam Vito Peccerillo

---

[12] La persona qui citata è, probabilmente, la stessa menzionata dal Guadagni come uno dei fondatori della chiesa (oggi diruta) di San Giovanni Battista a Quadrelle: «Vi è un'altra chiesa, ultimamente eretta dalla divozione del popolo, con cinque altari, essendone stato, tra gli altri fabricatori del paese, promotore mastro Giulio Fiorda-

fussero soggetti a detti parrochi che con decreto della corte vescovile di Nola n'hebbi il decreto a tempo di monsignor Scoppa[13] et il vicario Gennaro Vernucci, e perché il delegato della [...?] vulterale [?] pretendeva che ad esso spettasse detta causa s'n'appellò in Roma dove s'hebbe decreto che curia [?] metropolitana procedat, non esequi detta lite così restassimo in possesso [...?].

Nel anno 1704 ho fatta l'altra sacristia perché la prima era stretta e così s'è lungata e coperto di tetti dove ho speso docati 25.

De più ho fatta avanti l'altare maggiore la palaustriata ci ho speso docati 16, ben vero m'ho ritenuto docati otto del candeloro docati 8.

---

lisi, che è morto anno sono con voce di buon cristiano, il quale si fece la sua cappella e sepoltura con l'altar di San Sebastiano» (C. GUADAGNI, *Nola Sagra* cit., p. 248).

[13] Su fra' Daniele Scoppa, carmelitano scalzo, (Napoli 1619 - Nola 1703), vescovo di Nola dal 1683 al 1703, si vedano: F. UGHELLI, *Italia Sacra ...* cit., vol. VI, coll. 265-266; G. REMONDINI, *Della Nolana ecclesiastica ...* cit., Napoli, Stamperia di Giovanni di Simone, vol. I, 1747, pp. 160 e 166 e vol. III, 1757, pp. 450-458; R. RITZLER - P. SEFRIN, *Hierarchia Catholica Medii et recentioris aevi*, Padova, Typis Librariae «Il Messaggero di S. Antonio», vol. V, 1952, p. 291; F. R. DE LUCA, *Daniele Scoppa e il sinodo del 1697*, in «Teologia e Vita», 2, Quaderni dell'Istituto Superiore di Scienze Religiose «G. Duns Scoto» di Nola, Napoli-Roma, Edizioni L.E.R., 1995, pp. 81 ss.; IDEM, *I vescovi e i vicari capitolari nolani (1655-1982). Ricerca d'archivio*, Avella, Gruppo Archeologico Avellano «A. Maiuri» e Biblioteca Comunale di Avella «I. D'Anna», 1985, pp. 14-15; IDEM, *I Vescovi di Nola nei medaglioni ...* cit., p. 166.

Nel detto anno ho fatto li gradini e custodia indorati dove ho speso docati 18.

Più ho portata l'icona e fatto la gradiata del altare maggiore dove vi ho speso docati diece; vi ha posto il signor don Gennaro Caracciolo[14] carlini trenta: 7.

De più ho fatta una casetta sotto le campane che s'affitta carlini 25 ci ho speso docati 20.

Ho piantato li celsi[15] in detto luogo e nel orticello della chiesa e detta [?] 150 [?] piedi de cerase alla Lenza del feodo di detta chiesa spesa [...] 10; entro detta sacristia vi è uno quadro della Natività [?] di Nostro Signore, quale era della cappella mia della famiglia de Mandesi quello l'ho donato a detta chiesa per uso di detta sacristia che vale docati diece: 10.

Più per complimento delle mie opere, non per superbia il che non piaccia a Dio, ma solo per sua gloria e per mio obligo affirmo e confesso che delli tagli fatti nelle selve cedue di castagni e querce di detta chiesa importantino da docati quattrocento e venti me le potreria adoprare per me quia cadebant in fustus [?] conforme vogliono e comandono [sic] tutti gli auttori [sic] trattando di dette cedue in ogni modo non l'ho adoprati per me ne per mia casa ma l'ho convertiti tutti in compre in utile in perpetuum di detta chiesa il che si può vedere in dette compre et annue [?] entrate sia per esempio di chi viene appresso.

---

[14] Sulla famiglia Caracciolo della Gioiosa si veda *amplius* al cap. 3.

[15] Uno di tali gelsi, divenuto di dimensioni mastodontiche, è sopravvissuto nel giardino della canonica di Sirignano sino a circa trent'anni or sono.

La sobria facciata della chiesa parrocchiale di Sirignano, ombreggiata dai due tigli, piantati a cura
del parroco don Salvatore Napolitano nel 1876.

L'avanti porta della detta chiesa lo fece il quondam signor don Vincenzo Caraciolo [*sic*] ma io le diedi per detta causa una cerqua che stava alla Lenza di detta chiesa a S. Giovanni[16] che hora la tiene Aniello di Fusco, quale cerqua oggi di sta nel centimolo di detto signore in Sirigniano che valeva da sei docati.

Ho fatto il frontespizio di tavole pittate che serve per il sepolcro di detta chiesa nella Settimana Santa.

---

[16] Il toponimo *San Giovanni*, oggi dimenticato ma in uso sino alla metà del Novecento, indicava un fondo agricolo ubicato nell'area in cui sorge attualmente la casa di riposo e dove un tempo esisteva una cappella dedicata a San Giovanni Battista (cfr. P. COLUCCI, *I beni della parrocchia di Sirignano nel 1856*, in «Nuovo Meridionalismo», XII (1996), 111, pp. 39 ss.).

II.2 Documento B

(ARCHIVIO STORICO DIOCESANO DI NOLA, *Libri Parrocchiali*, registro 794/1, *Liber II baptizatorum ab anno 1626 usque ad annum 1685* [della Parrocchia di Sant'Andrea Apostolo di Sirignano], f. 227rv)

Obligo che tiene il reverendo parroco alla sua Parrocchia ogni anno così esercitato dalla bona anima del quondam don Pompeo Mandesi et da me don Andrea suo successore.

Deve fare a sue spese la festa del glorioso Santo Andrea Apostolo titolo della detta Parrocchia.

Deve fare ogni anno il Candeloro conforme il solito.

Deve a sue spese ogn'anno fare il sepolcro la Settimana Santa e cantare con li preti l'offici [?] e le candele a detto sepolcro et altro.

Deve pagare la tassa della decema al vescovo di tutto quello che esigge [*sic*] a sue spese.

Deve pagare spoglio, sinodo, e visita e S. Marco.

Deve al meno applicare pro populo la messa saltim diebus dominicis.

Deve al meno pro usu sacristie spendere da cinque docati l'anno.

Deve spendere da docati cinque l'anno per piantare tanto nelle sclve e montagne e nelli territori e reparazione delle case et altro che può succedere.

Deve fare ogni primo dell'anno il regale al suo vescovo et anche qualche volta al vicario et dare l'offerta alli corsori che importa da venti carlini l'anno.

È obligato sonare l'Ave Maria la sera et la mattina e serrare la chiesa.

È obligato far scupare la detta chiesa e nettarla dal arangni che in tutto s'è calcolato da docati trentatré in circa l'anno: 33.

3. *Tiene il primo luogo della mazza del Palio*

Il patrimonio immobiliare e i diritti feudali
dei Caracciolo della Gioiosa

Benché parte dello *stato* feudale di Avella, il territorio del casale di Sirignano, sin dal basso Medioevo e per tutta l'età moderna, fu caratterizzato dalla presenza di un feudo (costituito da vaste proprietà terriere) posseduto da diverse famiglie, l'ultima delle quali fu la Caracciolo della Gioiosa[1] che ne entrò in possesso nel 1622 con il matrimonio fra Gennaro Caracciolo dei marchesi della Gioiosa e Geronima Albertini dei principi di Cimitile[2], la quale portò in dote un cospicuo patrimonio immobiliare nelle pertinenze di Cimitile e, soprattutto, il feudo di Sirignano[3], già portato in dote dalla mamma, Maria Fellecchia, allorché aveva sposato Giovanni Battista Albertini[4].

---

[1] Sulla presenza della famiglia Caracciolo della Gioiosa a Sirignano mi sia consentito il rinvio a P. COLUCCI, voce *Caracciolo della Gioiosa*, in *Dizionario Biografico degli Irpini*, a cura di F. Barra, vol. III, Avellino, Elio Sellino Editore, 2009, pp. 67 ss., con le fonti e la bibliografia ivi citate.

[2] *La genealogia della famiglia Caracciolo di Francesco Fabris riveduta e aggiornata da Ambrogino Caracciolo*, Napoli, Tipografia Artigianelli, 1966, tav. XXXVI.

[3] *Ibidem.*

[4] C. GUADAGNI, *Nola Sagra [1688]*, a cura di T. R. Toscano, Massa Lubrense, Il Sorriso di Erasmo Edizioni Lubrensi (Ager Nolanus, 1), 1991, p. 246.

Parziale riproduzione di una mappa catastale del Comune di Sirignano, ascrivibile alla prima metà del Novecento, con l'indicazione delle strade vicinali Cugnolo, Tuoro, Starza e Quercia. Per una migliore comprensione dei documenti pubblicati in queste pagine, sono stati localizzati e aggiunti gli scomparsi toponimi San Giovanni, lo Cangio, Santa Croce e Oliveto Grande, tutti relativi a fondi agricoli. Il fondo Oliveto Grande, di undici moggia, nel Settecento comprendeva un'area successivamente attribuita al territorio di Mugnano del Cardinale.

Ai beni feudali portati in dote da Geronima Albertini – consistenti esclusivamente in latifondi e terreni agricoli – i Caracciolo della Gioiosa aggiunsero, con una serie di notevoli investimenti, un consistente patrimonio di tipo burgensatico (posseduto come proprietà privata, non di natura feudale) costituito non solo da terreni ma anche da numerosi fabbricati, fra i quali il palazzo signorile (eretto nella prima metà del Seicento) che – passato successivamente di mano a diversi proprietari – sarà acquistato nel 1884 dal marchese Giuseppe Caravita principe di Sirignano[5] e che, restaurato dal Comune di Sirignano nei primi anni del Duemila, è oggi indicato come palazzo Caravita.

Un interessante quadro completo delle proprietà, feudali e burgensatiche, che i Caracciolo della Gioiosa possedevano a Sirignano nel Settecento è tracciato nel *Catasto dell'Università della Terra d'Avella*[6] chiuso nel 1754 nell'ambito della nota catastazione generale del

---

[5] In proposito mi permetto di rinviare al mio *Giuseppe Caravita e Sirignano alla fine dell'Ottocento*, Sirignano, Europrint 2000, 2011.

[6] BIBLIOTECA COMUNALE «IGNAZIO D'ANNA» DI AVELLA, *Catasto dell'Università della Terra d'Avella in Provincia di Terra di Lavoro, formato a tenore delli Reali ordini della maestà del Re Nostro Signore (Dio Guardi) in questo Anno 1754*, (da ora in poi *Catasto*). A differenza della stragrande maggioranza delle *terre* ed *università* del Regno di Napoli per le quali fu redatto il cosiddetto *Catasto Onciario* di metà Settecento, ad Avella si è fortunosamente e fortunatamente salvata la copia che doveva essere conservata dalle singole *università* e che è attualmente custodita nella locale Biblioteca Comunale «Ignazio D'Anna».

Regno di Napoli indetta da Carlo di Borbone nel 1740[7]. Da tale importantissima fonte documentaria (di cui si pubblica, in appendice al presente capitolo, la parte relativa ai beni posseduti dall'anzidetta famiglia) si rileva, infatti, che l'«Illustre Duca don Vincenzo Caracciolo Cavaliero napolitano del Sedile Capuano»[8] (inserito nella categoria dei «Forestieri non abitanti laici») possedeva a Sirignano, come beni burgensatici (dunque tassabili): «Un Palazzo con largo avanti, cisterna per proprio uso, e Giardino murato per propria abitazione diviso in due membri [...] di più un comprensorio di case contiguo al detto Palazzo diviso in due membri [...] di più un altro luogo di case di più e diversi membri»[9] ed, ancora, sei case e due vasti territori agricoli, mentre come beni feudali (non tassabili) possedeva tre territori agricoli, un giardino e un latifondo collinare. Pur figurando come proprietà del duca[10] Caracciolo, tali beni, in realtà, lo era-

---

[7] Nell'ampia bibliografia sull'argomento, è appena il caso di citare P. VILLANI, *Il catasto onciario e il sistema tributario*, in IDEM, *Mezzogiorno tra riforme e rivoluzione*, Roma-Bari, Editori Laterza, 1962[1], pp. 105 ss. (con varie edizioni successive) e *Il Mezzogiorno settecentesco attraverso i catasti onciari*, Napoli, Edizioni Scientifiche Italiane (Pubblicazioni dell'Università degli Studi di Salerno. Sezione atti convegni miscellanee, 5), 1983, voll. 2.

[8] *Catasto*, f. 711v.

[9] *Ibidem*.

[10] Secondo la già citata *Genealogia della famiglia Caracciolo di Francesco Fabris* [...], tav XXXVI, Vincenzo Caracciolo della Gioiosa «succedette a suo zio Annibale Marchese nel titolo di duca, il cui titolo fu concesso dall'imperatore Carlo VI ad Annibale il 26

no solo in parte dal momento che – come puntualmente specifica il catasto – una notevole quota di essi era stata concessa agli abitanti del casale di Sirignano mediante contratti di enfiteusi[11], in base ai quali i beni, pur rimanendo formalmente nel *dominio diretto* del feudatario, entravano di fatto in possesso del contraente (che poteva trasmetterli agli eredi o, addirittura, venderli) in cambio, non di un pagamento *una tantum*, ma di un canone perpetuo[12] detto *censo*.

In particolare risultano censuati, fra i beni burgensatici, diciotto case e cinque territori che, complessivamente, rendevano trenta ducati e cinque carlini all'anno, mentre ben più consistente era il numero di cessioni nell'ambito dei beni feudali. Circa una metà del latifondo che il documento definisce «una montagna, parte costerosa e

dic. 1722, e fu da Vincenzo attribuito alla terra di Sirignano per privilegio dato dal re il 24 mag. 1754. Ma essendosi opposto il principe di Avella Doria perché Sirignano dipendeva da quel feudo, il titolo rimase sul cognome». La notizia è segnalata anche da F. BONAZZI DI SANNICANDRO, *Le ultime intestazioni feudali registrate nei Cedolari di Terra di Lavoro*, Napoli, Libreria Detken & Rocholl, 1919, p. 46.
[11] Decisamente stimolanti, sul concetto di enfiteusi, le riflessioni proposte da A. M. RAO, *L'«amaro della feudalità»*, Napoli, Guida Editori (Esperienze, 119) , 1984, p. 305n.
[12] Cfr. A. PLACANICA, *Moneta prestiti usure nel Mezzogiorno moderno*, Napoli, Società Editrice Napoletana (Collana di ricerche a analisi storiche, 6), 1982, p. 198 e *passim*. Per interessanti considerazioni sull'argomento, riferite, in particolare, all'area irpina, si veda anche P. CUOCO, *Paesaggio agrario e processo di formazione della proprietà privata a Trevico*, in «Vicum», II (1984), 2-3, pp. 5 ss.

parte piana cedoa, e coltivata»[13] risultava, infatti, divisa in cinquantasei appezzamenti (citati nel catasto uno per uno e, probabilmente, di diversa estensione) concessi a censo, con un introito annuo complessivo di 258 ducati, 4 carlini e 2 grana e ½.

Ad essi, sempre fra i beni feudali, si aggiungevano, inoltre, altri ventidue appezzamenti di terreno concessi a censo, con un gettito annuo complessivo di sessantasette ducati, otto carlini e grana due e 5/6.

Per gli abitanti del piccolo casale di Sirignano, questo processo economico virtuoso di moltiplicazione della proprietà, affermatosi nel Regno di Napoli agli inizi del Settecento[14], ebbe di certo effetti più che positivi dal momento che consentiva non solo un uso del territorio assai più razionale di quello posto in essere nei latifondi in mano ad un unico proprietario, ma comportava anche un vantaggio reciproco sia per il feudatario che incamerava le rendite dei canoni enfiteutici, sia per i conduttori dei fondi che potevano autonomamente incrementarne la produttività con l'impianto di colture arboree, come uliveti e vigneti, senza la preoccupazione della precarietà[15] tanto che, nel 1769, nel corso di una delle ricorrenti

---

[13] *Catasto*, f. 825v.

[14] Cfr. C. Russo, *Ceto civile emergente e fattori di squilibrio da Masaniello ai Borboni*, in *Storia della Campania*, a cura di F. Barbagallo, vol. I, Napoli, Guida Editori (I tascabili, 52), 1978, pp. 254-255.

[15] Si vedano, in proposito, due contratti di enfiteusi, stipulati a Serino (AV) nel 1800 e nel 1816, pubblicati da A. Stella, *Santa*

crisi produttive agricole, anche il filosofo ed economista Antonio Genovesi raccomandò ai proprietari di fondi agricoli il ricorso alla censuazione[16].

In proposito è, infine, interessante notare che il paesaggio agrario forgiato dall'anzidetto processo di censuazione sulle pendici meridionali del rilievo collinare a nord di Sirignano (definito dal catasto onciario *montagna*, localmente chiamato *Montagnella* ma ufficialmente denominato monte Campimma) è ancora oggi perfettamente leggibile, con due aree ben distinte: quella apicale, tenuta a bosco ceduo misto e priva di coltivazioni, e quella pedemontana (interessata nel Settecento dalla censuazione) ricoperta da verdeggianti uliveti, chiamati, ancora oggi, *cienzi*.

Al contrario della censuazione che, come si è visto, ebbe riflessi sostanzialmente positivi, soprattutto sulla vita dei ceti meno abbienti, ben diversi furono invece gli effetti delle cosiddette *angarie*, ossia dei servizi forzati e non retribuiti che i cittadini erano tenuti a prestare al feudatario e che – come riporta il documento in esame – per il casale di Sirignano erano essenzialmente due: «il servizio di una persona che deve dare l'Università di

---

Lucia di Serino. Società e terre nei catasti onciario e napoleonico, Edizione del Comune di Santa Lucia di Serino, 1989, Appendice, docc. 5 e 6.

[16] Cfr. M. BENAITEAU, *Vassalli e cittadini, La signoria rurale nel Regno di Napoli attraverso lo studio dei feudi dei Tocco di Montemiletto (XI-XVIII secolo)*, Bari, Edipuglia (Mediterranea, 11), 1997, p. 302.

La croce di termine in pietra calcarea, con lo stemma (un leone rampante) dei Caracciolo della Gioiosa, eretta per delimitare il fondo denominato Santa Croce e citata nel catasto onciario del 1754. Per il suo carattere "sacro", il manufatto è miracolosamente sopravvissuto esattamente nel luogo in cui fu posto, all'incrocio fra via Quercia e la via che porta a Mugnano del Cardinale (intitolata, nello scorso secolo, al dott. Giovanni Fiordelisi, Caduto in guerra).

Sirignano sotto nome di Baglivo»[17] e «il servizio di una giornata per ogni Cittadino di Sirignano alla vendemmia»[18]. Entrambi tali obblighi comportavano, infatti, non pochi problemi per la comunità, soprattutto per quanto riguardava il *baglivo* che, nella fattispecie, non giudicava le cause civili fino a tre ducati e non comminava multe[19] ma – come si evince da uno specifico documento del 22 aprile 1746[20] – aveva sostanzialmente il compito di *guardiano*, ossia di sorvegliante e custode dei beni del barone[21] cioè del possessore del feudo.

Nell'ambito della vita religiosa vanno, infine, segnalati il diritto del duca Caracciolo di nominare il parroco del casale di Sirignano[22] e i privilegi di carattere formale e simbolico che il possesso del feudo comportava, così, sinteticamente, indicati nel catasto: «il primo luogo della mazza del Palio[23], la pace, prima benedizzione, l'incen-

---

[17] *Catasto*, f. 832v.

[18] Ivi, f. 833r.

[19] Per una schematica descrizione sul ruolo del *baglivo* (o *baiulo*) e della cosiddetta *corte della bagliva* si veda G. Passaro, *Glossario essenziale circa alcune magistrature ed istituzioni delle Università meridionali*, in «Civiltà Altirpina», VII (1996), 2, p. 27.

[20] Archivio Storico Diocesano di Nola, *Cartelle parrocchiali, Sirignano 2*, incartamento privo di segnatura intitolato *Lettera registrata per il Signor Duca di Sirignano. 1763*, copia di dichiarazione del procuratore del duca Caracciolo del 22 aprile 1746, doc. n. n. [ma 7, f. 1v].

[21] Il termine *barone*, col quale si indicava genericamente il titolare del feudo, non era dunque un titolo nobiliare.

[22] *Catasto*, f. 833r.

[23] Col termine *palio* si indicava – e si indica tuttora – il baldacchino

zo, strade, sgabello»[24]. Privilegi che, all'epoca, erano tenuti in gran conto come dimostra uno specifico passaggio delle *Memorie* che l'agente feudale Andrea Perrino scrisse nel 1774 ad Ettore Pignatelli duca di Monteleone (attuale Vibo Valentia), al quale raccomandava di esercitare puntualmente tutte le onorificenze ecclesiastiche «imperciocché se le lascerete in disuso, correrete pericolo di vederle contrastare, e perdendole forsi [*sic*] si scemerebbe, oh quanto, di splendore la vostra Signoria con vostro disonore»[25].

---

in stoffa riccamente ornata, retto da sei aste di legno e portato nelle processioni religiose come simbolico elemento di omaggio alla statua di un santo o all'ostia consacrata nella festa del *Corpus Domini*. Un privilegio simile a quello qui indicato dal documento in esame esisteva, in età moderna, anche nella città di Brindisi, dove «le aste del baldacchino erano sostenute dai nobili, come se il "sacro" finisse per legittimare l'intera classe politica» (M. Campanelli, *Feste e pellegrinaggi nel XVI e nel XVII secolo*, in *Storia del Mezzogiorno*, vol. IX, *Aspetti e problemi del Medioevo e dell'età moderna*, tomo 2°, Napoli, Edizioni del Sole, 1991, p. 502).

[24] *Catasto*, f. 833.

[25] Cit. da L. Covino, *"La gemma preziosa de' Baroni". Giurisdizione e amministrazione del feudo nella Calabria del Settecento*, in *Baroni e vassalli. Storie moderne*, a cura di A. Novi Chavarria e V. Fiorelli, Milano, Franco Angeli (Studi e ricerche storiche), 2011, p. 245.

La statua del Patrono Sant'Andrea Apostolo
esce in processione dalla chiesa parrocchiale
di Sirignano, accompagnata dal baldacchino,
detto *palio*.

Appendice III[1]

Catasto dell'Università della Terra d'Avella in Provincia di Terra di Lavoro, formato a tenore delli Reali ordini della maestà del Re Nostro Signore (Dio Guardi) in questo Anno 1754, fogli 711v-714v e 825r-833v.

(Biblioteca Comunale «Ignazio D'Anna» di Avella)

(f. 711v)

Illustre Duca don Vincenzo Caracciolo Cavaliero [*sic*] napolitano del Sedile Capuano

Possiede l'infrascritti beni Burgensatici, cioè

Case

---

[1] Nella trascrizione del documento pubblicato in questa appendice, oltre a quanto già precisato in nota all'appendice I, per una migliore leggibilità, ho operato i seguenti, ulteriori interventi: a) indicazione dei numeri di foglio; b) accanto alle somme scritte nei ff. 711v e 712r ho specificato, in parentesi quadra, le monete componenti la somma, in ducati, carlini e grana; successivamente ho, invece, indicato le varie somme unicamente con le cifre presenti nel documento, trascrivendo fedelmente le cifre assenti (equivalenti a zero) con uno o due trattini lunghi (—); c) in alcuni casi ho integrato il testo inserendo, in parentesi quadra, qualche termine mancante; d) non ho indicato le somme di riporto poste all'inizio di ciascun foglio ma soltanto quelle poste alla fine degli stessi.

Un palazzo con largo avanti, cisterna per proprio uso, e giardino murato per propria abitazione in tempo che detto Illustre Possessore si porta in Serignano [*sic*], e per comodo del suo agente

Di più un comprensorio di case contiguo al detto Palazzo diviso in due membri, affittato per uso di forno e bottega per annui 30 — — [ducati 30, carlini 0, grana 0]

Di più un altro luogo di case di più e diversi membri, luogo detto la Craparia, porzione d'esse dirute e parte affittate alle sottoscritte persone, cioè

(f. 712r)

Una casa a Carlo Napolitano per annui 2. 2 — [ducati 2, carlini 2, grana 0]
Un altra [*sic*] a Linetta [?] Sgambato per annui 2. 2 — [ducati 2, carlini 2, grana 0]
Un altra a Sabbato [*sic*] Sannullo per annui 2 — 10 [ducati 2, carlini 0, grana 10]
Un altra a Francesco Acierno per 2 — — [ducati 2, carlini 0, grana 0]
Un altra agl'eredi di Giovanni Acierno per annui 2. 2 — [ducati 2, carlini 2, grana 0]
Ed un altra a Feliciano Sgambato per annui 2 — — [ducati 2, carlini 0, grana 0]

43. 1. 10
[ducati 43, carlini 1, grana 10]

Da quali docati quarantatre, e carlini tre, dedatrone, il quarto per l'accomodo [...?] necessario restano per annui docati trentadue, e grana 47½ sono

oncie [sic] 108 tarì 7½ [2]

Di più un territorio nominato la Starza[3] diviso, in due parti, di moggia dieci, giusta li beni d'Andrea Acierno, e vie publiche [sic], stimata la rendita franca di coltura per annui docati sessanta, sono

oncie 200

---

[2] Il sistema adottato per il catasto onciario stimava il reddito delle famiglie (dette *fuochi*), o di singoli contribuenti, basandosi sulle rendite dei beni immobili e su una quota di reddito corrispondente all'attività lavorativa. La somma delle varie aliquote costituiva il reddito lordo, dal quale (come nel caso qui esaminato) potevano effettuarsi delle detrazioni. Il valore di rendita così ottenuto, espresso in ducati, carlini e grana, veniva trasformato in un corrispondente valore delle rendite espresso in once e tarì, su cui veniva, infine, calcolata l'imposta che il contribuente doveva versare. Sul valore e sulla storia delle monete *oncia* e *tarì* si rinvia all'esauriente – ancorché datato – studio di L. DELL'ERBA, *La riforma monetaria angioina e il suo sviluppo nel reame di Napoli*, in «Archivio Storico per le Province Napoletane», LVII (1932), pp. 156 ss.; LVIII (1933), pp. 5 ss.; LIX (1934), pp. 39 ss.

[3] Col termine *sturza*, abbastanza diffuso in molte aree del Mezzogiorno, venivano indicati terreni recintati di una certa dimensione, destinati a colture pregiate. Cfr. in proposito F. BARRA, *Paesaggio agrario, strutture produttive e proprietà fondiaria* (parte I), in *Storia Illustrata di Avellino e dell'Irpinia*, vol. III, *L'età moderna*, a cura di Idem, Pratola Serra, Sellino & Barra Editori, 1996, pp. 183-184.

L'antico palazzo feudale di Sirignano, come appariva alla fine dell'Ottocento, subito dopo il restauro voluto da Giuseppe Caravita.

Di più un territorio di moggia tredeci, luogo

(f. 712v)

detto Santa Croce, contiguo alli beni della chiesa Parrocchiale, via publica, con piedi stallo di fabrica [*sic*] stimata la rendita franca di coltura per annui docati ottanta, sono oncie 266 tarì 20

sono oncie 466 tarì 20

Annui cenzi enfiteutici
sopra fondi di case

Dagl'eredi di Giacomo Miele, per un comprensorio di case luogo detto campo casale[4], annui 1. 2 —

Dagl'eredi di Domenico Acierno, per la casa che confina con Pompeo Acierno, annui — 7 —

Da Andrea Acierno come erede del quondam Giuseppe, per un comprensorio di case, ed azzione [*sic*] di cisterna, confinante, con l'oliveto grande, annui — 3 —

Da Antonio Sannullo, sopra due case basse

7. 4. 9
oncie 574 tarì 27

---

[4] Errata trascrizione del toponimo *Capo casale*.

(f. 713r)

luogo detto San Cataldo, seu San Lonardo[5] annui — — 6

Da Bartolomeo Peluso, come figlio di Domenico Fiordellisi, per la casa, ed orto confinante con quella degl'eredi di Gaspare Sgambato, annui — — 1½

Dagl'eredi di Bartolomeo Abbate, per la casa confinante cogl'eredi di Giacomo Miele, annui — — 10

Dagl'eredi di Donato Acierno per le case in piedi casale[6], annui — — 3

Da Domenico Sgambato, per la casa, cantina, ed orto a lemite [*sic*] delli beni di Stefano Caruso, annui — — 10

Da Liberato Sgambato, per due case, ed azzione di cortile, a lemite delli beni di Domenico Sgambato, annui — — 1½

---

[5] A questo toponimo è, quasi certamente, connessa la presenza di un'edicola sacra, con l'immagine di San Leonardo in mattonelle maiolicate, eretta a Sirignano nel 1878, a cura del sacerdote quadrellese don Salvatore Napolitano (1835 - 1904), parroco di Sirignano dal 1873 al 1904, già citato nella nota 10 dell'appendice II.

[6] Col toponimo *Piedicasale* si indicavano all'epoca le attuali strade Sgambati e Principe di Sirignano.

Da Stefano Caruso, per le case ed orto

1. 1. 1.

(f. 713v)

a lemite delli beni di Domenico Sgambato, annui — — 1½

Da Antonio Salvo, per le case a lemite, di / Domenico, e Pompeo Acierno, annui — — 1½

Da Pompeo Acierno, per le case in detto luogo, annui — — 1½

Da Paolino Caruso, per la casa, camera, e cisterna, conticua [*sic*] agl'eredi di Donato Acierno, annui — — 1⅓

Da Michele Ruberto, per le case pervenuteli in dote di sua madre da Orazio Conte a lemite, a quelle di Bartolomeo Caruso, annui — — 1

Da Vincenzo Sgambato, per la casa a lemite a quella di Giovanni Battista Miele, annui — — 10

1. 1. 17 5/6

(f. 714r)

Da Rosa Acierno, per le case a lemite a quella di Giovanni Giacomo Acierno, annui — — 10

Dagl'eredi di Giacomo Sgambato, per il luogo di case, confinante, con il forno dell'Illustre Rivelante, annui — — 15½

Da Gennaro Acierno, per la casa, ed orto ove si dice lo Cangio, annui — — 3

————
1. 3. 6⅓
Quali carlini sedeci [*sic*], e grana 6⅓, sono
oncie 5 tarì 16⅓

Annui cenzi enfiteotici
sopra territorij cioè

Da Pietro Sgambato, per il territorio che confina con l'oliveto grande, e beni di Francesco Masuccio annui 10 — —

Da Francesco Masuccio, per il territorio, che confina con Pietro Sgambato, annui 10 — —

————
22. 0. 0

oncie 580 tarì 13 5/6

83

(f. 714v)

Da Carmine Coluccio, per il territorio, luogo detto la Petta [?], annui 6. 2. —

Dal magnifico[7] dottor fisico Giovanni Antonio Mandese, per il territorio, luogo detto Nocellito, annui — 2.10

28. 4. 10

Di più esigge [*sic*], annui carlini sedeci, dagl'eredi di Gregorio Agnone, per capitale di docati 29; sono 1. 3 —

sono 30. 2. 10

Quali docati trenta, e carlini cinque, sono
oncie 101 tarì 20

sono in tutto oncie 682 e tarì 3 5/6

* * *

---

[7] Il titolo onorifico di *magnifico*, generalmente attribuito a coloro che assumevano o compravano funzioni pubbliche o ai massari particolarmente agiati, in questo caso è assegnato anche ad un medico. Un analogo caso è presente nel successivo f. 831v.

Veduta (dal centro abitato di Sirignano) del monte Campimma, detto *Montagnella*, ubicato a nord del paese e caratterizzato dal bosco ceduo nella parte sommitale e dagli uliveti, detti *cienzi*, nella fascia pedemontana.

(f. 825r)

Ill(ustr)e Duca don Vincenzo Caracciolo Cavaliero [*sic*] napolitano del Sedile Capuano

Beni Feudali

Un territorio nominato l'Oliveto Grande di moggia undeci [*sic*] in circa, giusta li beni di Pietro Sgambato e Francesco Masucci, con fossi di neve[8], stimata la rendita franca di cultura per annui docati quaranta sono oncie 133. tarì 10

Di più un territorio nominato la Starza di moggia quattro, giusta li beni della Chiesa Parrocchiale di Serignano, stimata la rendita ut supra, per annui docati quaranta sono oncie 133. tarì 10

Di più un giardino con case di moggia due, giusta li beni di Stefano Coluccio stimata la rendita ut supra per

---

[8] Come la coltivazione dell'ulivo, anche la produzione di ghiaccio mediante la conservazione della neve in larghe fosse dette *neviere*, era un'attività economica presente sin dal Medioevo nell'area avellana, dove però, oltre a quello qui attestato, non sono noti altri casi di *neviere* in territori pianeggianti. Un approfondito quadro su tale attività, non solo nell'area del Partenio ma nell'intero Meridione, è stato ottimamente tracciato da A. GUERRIERO, *Le Vie della Neve nel Regno di Napoli. Il commercio della neve e le condizioni della popolazione dell'Appennino centro-meridionale dal Cinquecento in poi*, Pozzuoli, Editrice Ferraro, 2008.

annui docati dieci, sono oncie 33. tarì 10

Di più un territorio detto il nocellito[9] di moggia nove, giusta li beni del magnifico dottor fisico Giovanni Antonio Mandese, stimata la rendita ut supra, per annui docati ventiquattro, sono oncie 80

oncie 380

(f. 825v)

Di più una montagna, parte costerosa e parte piana cedoa, e coltivata, giusta li beni demaniali della Terra delle Quadrelle, e Bosco di Campime, censuata alle sottoscritte persone, cioè

A Salvatore Roberto un pezzo di terra giusta a quella di Andrea Acierno, censuata per annui 25. 2 —

Ad Andrea Acierno per il terreno giusta al sudetto, annui 14 — —

A Carmine Coluccio per il territorio nell'anzidetto luogo annui 6. 2 —

---

[9] Alle colture arboree emerse dai documenti esaminati nel cap. 2, va, naturalmente, aggiunta quella del nocciòlo, tipica pianta del territorio avellano col significativo nome scientifico di *Corylus avellana*, alla quale – come testimonia il toponimo qui riportato – già nel Settecento erano destinati, anche nelle campagne sirignanesi, consistenti appezzamenti di terreno.

A Ceriaco Sgambato, per il territorio [che] tenea Giacomo Acierno, annui 3 —— —

Agl'eredi di Angelo Sgambato, per il territorio, giusto a quello di Giacomo Acierno et Pietro Sgambato, annui 2. 2. 10

51. 2 ——

(f. 826r)

A Pietro Sgambato, per il territorio giusta l'eredi di Domenico Acerno, annui 5 —— —

A Ferrante Acerno[10] per il territorio [che] teneva Giuseppe Napolitano annui 7. 7. 1

Ad Onofrio Napolitano, per il territorio, giusta li beni di Ferrante Napolitano, annui 7. 7. 10

Da Crescenzo, e Michele Conte, a Stefano Caruso, per il territorio [che] teneva Ferrante Napolitano, annui 7. 3. 6⅓

---

[10] Nella descrizione dei beni burgensatici dei Caracciolo, il cognome Acierno è scritto sempre correttamente, nella forma ancora oggi usata. A partire da questo punto, invece, il cognome è quasi sempre scritto nella forma errata «Acerno», tranne tre casi in cui è scritto correttamente.

Da Stefano Caruso, Michele, Crescenzo, e Carminello Conte, per il territorio [che] teneva Ferrante Conte, annui 7. 3. 6⅓

Da Michele Conte, per il territorio confinante alla Chiesa Parrocchiale, annui 1. 4. 11¾

88. 3. 5 1/12

(f. 826v)

Dal magnifico Francesco Acerno, e Carlo Napolitano, per il territorio [che] teneva Giovanni Domenico Napolitano, annui 5. 3. 14¾

Da Pietro Sgambato, per il territorio [che] teneva Giovanni Sgambato, annui 1 — —

Da Pietro Fiordellise, per il territorio [che] teneva Giovanni Fiordellisi annui 2. 3. 10

Dagl'eredi di Domenico Acerno, per il territorio che confina con Giuseppe Caruso annui 2. 4 —

Da Domenico Caruso, come figlio ed erede di Giuseppe, per il territorio giusta la Chiesa Parrocchiale annui 2 — —

Da Aniello Acerno, per il territorio alle falde di detta montagna, annui 4 — —

Da Cesare Gaglione, per il territorio in detto luogo, annui 13 — —

119. 4. 9 5/6

(f. 827r)

Da Feliciano Acerno per il territorio nell'anzidetto luogo, annui 14 — —

Da Stefano Coluccio per il territorio nel medesimo luogo, annui 4. 1. 2½

Da Francesco Acerno per il territorio giusta a quello di Giuseppe Napolitano, annui 2. 4 —

Da Carminello [di] Lucia per il territorio [che] teneva Giuseppe Napolitano, annui 8 — —

Dagl'eredi di Martino Agnone, per il territorio giusta quello della Chiesa Parrocchiale, annui 1. 2. 10

Dagl'eredi d'Alfonzo [*sic*] Agnone, per il territorio giusta quello di sopra detto, annui 1. 2. 10

Dagl'eredi di Orazio Conte, per il territorio giusta quello di Francesco Acierno, annui 1 — 10

153 — 2⅓

(f. 827v)

Dagl'eredi di Natale Iuliano per il territorio giusta quello della Chiesa Parrocchiale, annui 1. 1 —

Dagl'eredi di Antonio Iuliano per il territorio giusta a quello di detta Chiesa Parrocchiale, annui 3 — —

Dagli eredi di Filippo Conte, per il territorio giusta a quello di Giovanni Petraglia, annui — 1. 10

Dagl'eredi di Biase Pagano, per il territorio giusta a quello d'Aniello Acerno, annui — 3 —

Dal Reverendo don Francesco Sgambato, e Pietro di Fusco, per il territorio giusta a quello d'Aniello di Fusco, annui — 13 —

Da Giovanni Antonio Fiordellise per il territorio giusta a quello di Carminiello Coluccio, annui 3. 3. 10

$$174.\ 4.\ 2\frac{1}{3}$$

(f. 828r)

Dagl'eredi d'Alfonzo Agnone, per il territorio giusta quello di Nicola Andrea Acierno, e Cesare Gaglione, annui 2. 2. 10

Da Lorenzo Miele, per il territorio confinante con il sudetto annui 2. 2. 10

Dall'eredi di Parisi di Gennaro, per il territorio confinante, colla via Regia del Cardinale, annui 7 — —

A Bartolomeo Sgambato per il territorio confinante con Giovanni Miele, annui 2. 2. 10

Dagl'eredi di Giacomo Sgambato, per il territorio confinante colla costarella e Pompeo Acerno, annui 3 — —

Da Gennaro Acerno, per il territorio confinante coll'eredi di Paolo Gaglione, annui 1. 4 —

$$194 — 12\frac{1}{3}$$

(f. 828v)

Da Giovanni Miele, per il territorio confinante, con quello di Tomaso Acerno, annui — 4 —

Da Pompeo Acerno per il territorio a lemite del descritto di sopra, annui — 1. 15

Dagl'eredi di Paolo Gaglione, per il territorio confinante con quello di Tomaso, Domenico, e Gennaro Acerno, annui 2 — 10

Dagl'eredi di Tomaso Acerno, per il territorio confinante colli beni di Antonio Fiordellise, annui 3. 4. 15

Dagl'eredi di Antonio Fiordellise, per il territorio confinante con quello di Antonio Sannullo, annui 2 — —

Da Domenico Acerno, Paolo, ed Angelo, come eredi del quondam Donato Acerno, per il territorio a lemite di Paolo Sabiani annui 2. 4 —

$$206 — 2\frac{1}{3}$$

(f. 829r)

Dagl'eredi di Donato Conte, cioè Antonio Sannullo, e Cicia [?] Conte, per il territorio confinante con quello di Antonio Fiordellise, ed il Tuoro dell'Illustre Rivelante, annui — 2. 10

Da Bartolomeo Peluso per il territorio detto lo Tuoro, annui 2 — 10

Da Andrea Acerno, per il territorio [che] si teneva da Giesuè Sgambato, annui 2. 2. 10

Da Stefano Coluccio, per lo territorio confinante con quello d'Andrea Acerno annui 5 — —

Da Andrea Acerno, per il territorio a lemite a quello di Stefano Coluccio, annui 4 — —

Dagl'eredi di Gaetano Napolitano, per il territorio a lemite a quello della Chiesa

$$220 — 17\frac{1}{3}$$

(f. 829v)

Parrocchiale, annui 4 — —

Dagl'eredi di Pompeo Caruso, per due porzioni di territorio confinante colli beni di Stefano Coluccio, ed eredi di Giacomo Napolitano, ann(ui) 9 — —

Dall'eredi di Tomaso Acerno, per il territorio confinante con quello di Giuseppe Ferraro, annui 5 — —

Dall'eredi di Giuseppe Ferraro per il territorio a lemite a quello di Tomaso Acerno, annui 5 — —

Da Feliciano Acerno, per il territorio comprato dall'eredi d'Angelo Agnone confinante con quello dell'eredi di Giuseppe Cascano[11], annui 6. 2. 10

____
249. 3. 2⅓

(f. 830r)

Dagl'eredi di Giuseppe Cascano, per il territorio a lemite a quello del quondam Angelo Ruberto, annui 6. 1 —

Dagl'eredi di Donato Conte, per il territorio a lemite

____
[11] Errata trascrizione del cognome Cassano, ripetuta due volte nel foglio successivo.

a quello di Giuseppe Ferraro, annui 3 —— —

$$258.\ 4.\ 2\tfrac{1}{3}$$

Quali docati 258. 4. 2⅓, sono

oncie 862 tarì 22⅓

Altri territorij dati
a cenzo che sono salvi
per l'esca

Da Antonio di Fusco, per il territorio a lemite a quello di Donato Conte, annui 3. 4 —

Dagl'eredi di Gregorio Agnone, per il territorio confinante a quello del quondam Giuseppe Cascano, annui 7. 2. 10

$$11.\ 1.\ 10$$

oncie 1242 tarì 22⅓

(f. 830v)

Da Nicola di Lucia, per il territorio che confina colli beni demaniali, annui 3. 4. 10

Da Nicola Caruso, per li beni dotali di sua moglie a

lemite a quello di detto di Lucia, annui — 4. 10

Dagl'eredi di Agostino Iuliano, per il territorio a lemite di Giovanni Petraglia, annui 1. 7. 10

Dagl'eredi d'Angelo Petraglia, per due territorij confinanti con li beni di Nicola Caruso, et Pompeo Fiordellise, annui 4 — —

Da Pompeo Fiordellise per il territorio al lemite del fu Angelo Petraglia, annui 2 — —

23. 3 —

(f. 831r)

Da Giovanni Ruberto per il territorio al lemite a quello per il territorio al lemite a quello[12] di Francesco Pagano, annui 1. 4 —

Dagl'eredi di Angelo Masuccio, per il territorio a lemite del sudetto, annui 2. 4. 10

Dagl'eredi di Giovanni Napolitano per il territorio a lemite a quello di Francesco Pagano, annui 6 — —

Da Francesco Pagano, per tre porzioni di territorio a

---

[12] Frase erroneamente ripetuta.

lemite a quello, di Giovanni Ruberto Aniello Montuori e Giovanni Napolitano, annui 5. 2. 10

Dagl'eredi d'Aniello Montuori per il territorio a lemite a quello di Francesco Pagano, annui 9. 2 —

Dagl'eredi di Angelo Ruberto, per il territorio

$$\overline{49.\ 1 -}$$

(f. 831v)

a lemite a quello di Matteo de Ruberto, annui 2. 2. 10

Dagl'eredi di Matteo de Ruberto, per il territorio a lemite a quello del descritto Angelo, annui 8. 3. 15

Quali docati sessanta, e grana 45, sono
oncie 201 tarì 15

Altri cenzi

Da Pietro Pagano, per il territorio comprato dagl'eredi d'Antonio Pagano, e con detto territorio s'intendono anche compresi altre due porzioni possedute da Francesco Spizuoco, e Grazia Pagano, annui 1 — 10

Dagl'eredi di Felice Napolitano per il territorio confinante con il magnifico dottor don Giovanni Domenico Mandese, annui 1. 4 —

2. 4. 10

oncie 1444 tarì 2⅓

(f. 832r)

Dagl'eredi di Grazia Caruso, per il territorio che confina con quello di Stefano Coluccio, annui — 2. 10

Da Giovanni Caruso, per il territorio cedutoli d'Andrea Napolitano annui 2. 1 —

Da Aniello Acerno, per un poco di terreno confinante, coll'oliveto grande, annui 1. 2 —

Dagl'eredi di Gennaro Fiordellise, per il territorio a lemite a quello di Felice Acerno, annui — 1. 10

Da Domenico Acierno di Donato per il territorio che confina con Felice di Fusco, annui — — 7½

Dagl'eredi di Domenico Fiordellise, per il territorio

7. 1. 17½

(f. 832v)

ove si dice il nespo [?], annui — — ⅓

7. 1. 17 5/6

Quali docati sette, e grana 37 5/6, sono

oncie 24 tarì 17 5/6

In oltre possiede altre rendite, sopra più e diversi luoghi, che quantunque [...?] non sono incorrenti, tuttavolta per non apportarsi pregiudizio, e per non oscurare le sue raggioni [*sic*] se riserba l'azzioni di farli esiggibili, sincome prima stavano.

Di più annesso il detto feudo vi è il servizio di una persona che deve dare l'Università di Sirignano sotto nome di Baglivo, che deve servire detto Illustre Rivelante, ed oltre di detto Uomo l'Università sudetta, è tenuta in ogni anno portare in casa del medesimo un coppo involto di lauri.

Di più in tempo, che si vendemia [*sic*]

oncie 1468 tarì 25 1/6

(f. 833r)

è tenuta l'Università farli prestare il servizio di una giornata per ogni cittadino di Sirignano alla vendemia.

Di più tutti li neri[13] [che] si macellano nella chianca per servizio di detta Università devono portare, in casa di detto Illustre Rivelante la stigliola[14], e lasciarla gratis.

Di più ogni persona che ucciderà animali selvaggi nel feudo di pelo, è obligato di darne la quarta parte e portarla al Palazzo del medesimo.

Di più gode il Jus presentandi, e nominandi il Paroco [*sic*] della Parrocchia di Serignano quante volte accaderà vacanza; nella quale Parrocchia tiene il primo luogo della mazza del Palio la pace prima benedizzione [*sic*], l'incenzo, strade, sgabello, ed altre prerogative in tempo di funzioni.

(f. 833v)

Di più tanto nelli territorij di detta Parrocchia, quanto in tutti l'altri dell'Università, tiene il Jus di fidare tutte sorti di animali, e di eseguire contro i trasgressori, o danneficanti la solita pena, oltre altri Jussi, come sono accendere la candela dentro il suo Palazzo, fare emanare banni, e carcerazioni di bestiame non fidati, e danneficati farli condurre sotto il Palazzo del medesimo loco carceris giusto il decreto della Regia Camera dell'anno 1746

---

[13] *neri*: maiali.
[14] *stigliola*: budella.

Sono in tutte [*sic*] l'oncie feudali le sudette oncie

oncie 1468 tarì 25 1/6

Bibliografia

- **Fonti documentarie**

- ARCHIVIO DI STATO DI AVELLINO

Protocolli notarili del distretto di Avellino, I versamento, notaio Giovanni Angelo Bianco, b. 4773, vol. 7868.

- ARCHIVIO STORICO DIOCESANO DI NOLA

Libri parrocchiali:

registro 794/1, *Liber II baptizatorum ab anno 1626 usque ad annum 1685* [della Parrocchia di Sant'Andrea Apostolo di Sirignano].

registro 8 R, *Liber II defunctorum ab anno 1685 usque ad annum 1721* [della Parrocchia di Sant'Andrea Apostolo di Sirignano].

Libri delle Sante Visite:

volume III, A/3-d, *Sancta Visitatio Generalis Nolanae Diocesis peracta Anno Domini MDLXI.*

Cartelle parrocchiali:

cartella *Sirignano 2*, inc. *Lettera registrata per il Signor Duca di Sirignano. 1763.*

- Biblioteca Comunale «Ignazio D'Anna» di Avella

Catasto dell'Università della Terra d'Avella in Provincia di Terra di Lavoro, formato a tenore delli Reali ordini della maestà del Re Nostro Signore (Dio Guardi) in questo Anno 1754.

• Opere citate

L. Barionovi, *Due parlamenti della città di Avellino alla metà del Settecento*, in «Samnium», LVI (1983), 1, pp. 65 ss.

F. Barra, *Presenza religiosa, radicamento sociale e struttura proprietaria dei Domenicani ad Avellino nell'età moderna*, in «Rassegna Storica Irpina», 7-10/1 (1993-1994): «*Irpinia Sacra*». *Chiesa e società nell'età moderna*, pp. 195 ss.

F. Barra, *Paesaggio agrario, strutture produttive e proprietà fondiaria* (parte I), in *Storia Illustrata di Avellino e dell'Irpinia*, vol. III, *L'età moderna*, a cura di Idem, Pratola Serra, Sellino & Barra Editori, 1996, pp. 177 ss.

M. Benaiteau, *Vassalli e cittadini, La signoria rurale nel Regno di Napoli attraverso lo studio dei feudi dei Tocco di Montemiletto (XI-XVIII secolo)*, Bari, Edipuglia (Mediterranea, 11), 1997.

F. Bonazzi di Sannicandro, *Le ultime intestazioni feudali registrate nei Cedolari di Terra di Lavoro*, Napoli, Libreria Detken & Rocholl, 1919.

A. Bulgarelli Lukacs, *Le «universitates» meridionali all'inizio del Regno di Carlo di Borbone: la struttura amministrativa*, in «Clio», XVII (1981), 1, pp. 1 ss.

F. Calasso, voce *Comune. Premessa storica*, in *Enciclopedia del Diritto*, vol. VIII, s. l. [ma Milano], Giuffrè Editore, 1961, pp. 169 ss.

M. Campanelli, *Feste e pellegrinaggi nel XVI e nel XVII secolo*, in *Storia del Mezzogiorno*, vol. IX, *Aspetti e problemi del Medioevo e dell'età moderna*, tomo 2°, Napoli, Edizioni del Sole, 1991, pp. 483 ss.

A. Cestaro, *L'archidiocesi di Salerno prima e dopo Seripando*, in Idem, *Studi e ricerche di storia sociale e religiosa (dal XVI al XX secolo)*, Venosa, Edizioni Osanna Venosa (Collana di studi e fonti per la storia del Mezzogiorno, 4), 1996, pp. 13 ss.

P. Colletta, *Storia del reame di Napoli*, 1834[1], a cura di A. Bravo, Torino, Unione Tipografico-Editrice Torinese, 1975.

P. Colucci, *I beni della parrocchia di Sirignano nel 1856*, in «Nuovo Meridionalismo», XII (1996), 111, pp. 39 ss.

P. Colucci, *I prodigiosi avvenimenti del 1601 a Sirignano*, Napoli, Istituto Grafico Editoriale Italiano (Itinera, 33), 2001.

P. Colucci, voce *Caracciolo della Gioiosa*, in *Dizionario Biografico degli Irpini*, a cura di F. Barra, vol. III, Avellino,

Elio Sellino Editore, 2009, pp. 67 ss.

P. COLUCCI, *Giuseppe Caravita e Sirignano alla fine dell'Ottocento*, Sirignano, Europrint 2000, 2011.

P. COLUCCI, *Così Quadrelle nel Seicento*, in «Il Quotidiano del Sud» (edizione Irpinia), 24 dicembre 2016, p. 42.

R. COLUSSI, *Diritto, istituzioni, amministrazione della giustizia nel Mezzogiorno vicereale*, in *Storia del Mezzogiorno*, vol. XI, *Aspetti e problemi del Medioevo e dell'età moderna*, tomo 4°, Napoli, Edizioni del Sole, 1991, pp. 17 ss.

L. COVINO, *"La gemma preziosa de' Baroni". Giurisdizione e amministrazione del feudo nella Calabria del Settecento*, in *Baroni e vassalli. Storie moderne*, a cura di A. Novi Chavarria e V. Fiorelli, Milano, Franco Angeli (Studi e ricerche storiche), 2011, pp. 228 ss.

P. CUOCO, *Paesaggio agrario e processo di formazione della proprietà privata a Trevico*, in «Vicum», II (1984), 2-3, pp. 5 ss.

G. D'AGOSTINO, *Parlamento e società nel Regno di Napoli. Secoli XV-XVII*, Napoli, Guida, 1975.

S. D'AVANZO, *La visita pastorale di Antonio Scarampo nella diocesi di Nola (1551-1561)*, in «Ricerche di storia sociale e religiosa», Nuova Serie, V (1976), 9, pp. 215 ss.

G. DELILLE, *Croissance d'une société rurale. Montesarchio et la Vallée Caudine aux XVIIe et XVIIIe siècles*, Napoli, Istituto Italiano per gli Studi Storici, 1973, ed. it. *Crescita e crisi di una società rurale. Montesarchio e la Valle Caudina tra*

Seicento e Settecento, a cura di F. Di Donato, Bologna, Il Mulino, 2014.

L. DELL'ERBA, *La riforma monetaria angioina e il suo sviluppo nel reame di Napoli*, in «Archivio Storico per le Province Napoletane», LVII (1932), pp. 156 ss.; LVIII (1933), pp. 5 ss.; LIX (1934), pp. 39 ss.

F. R. DE LUCA, *I vescovi e i vicari capitolari nolani (1655-1982). Ricerca d'archivio*, Avella, Gruppo Archeologico Avellano «A. Maiuri» e Biblioteca Comunale di Avella «I. D'Anna», 1985.

F. R. DE LUCA, *Daniele Scoppa e il sinodo del 1697*, in «Teologia e Vita», 2, Quaderni dell'Istituto Superiore di Scienze Religiose «G. Duns Scoto» di Nola, Napoli-Roma, Edizioni L.E.R., 1995, pp. 81 ss.

F. R. DE LUCA, *I vescovi di Nola nei medaglioni della cattedrale*, Napoli, Istituto Grafico Editoriale Italiano (Itinera, 28), 2000.

G. DI SIMONE, *Per la Comune di Sirignano contro la Duchessa di Tursi nella Suprema Commissione Feudale*, Napoli, nella stamperia di Gaetano Severino, 1809.

N. F. FARAGLIA, *Il Comune nell'Italia Meridionale (1100-1806)*, Napoli, Tipografia della Regia Università, 1883.

G. GALASSO, *Dal Comune medievale all'Unità. Linee di storia meridionale*, Bari, Editori Laterza, 1969.

G. GALASSO, *Economia e società nella Calabria del Cinquecento*, Napoli, Guida editori (L'altra Europa, 6), 1992[3].

C. Guadagni, *Nola Sagra [1688]*, ristampa a cura di T. R. Toscano, Massa Lubrense, Il Sorriso di Erasmo Edizioni Lubrensi (Ager Nolanus, 1), 1991.

A. Guerriero, *Le Vie della Neve nel Regno di Napoli. Il commercio della neve e le condizioni della popolazione dell'Appennino centro-meridionale dal Cinquecento in poi*, Pozzuoli, Editrice Ferraro, 2008.

A. Iamalio, *Mugnano del Cardinale nel sec. XVIII*, parte 2ª, in «Atti della Società Storica del Sannio», IV (1926), I, pp. 68 ss.

Il Mezzogiorno settecentesco attraverso i catasti onciari, Napoli, Edizioni Scientifiche Italiane (Pubblicazioni dell'Università degli Studi di Salerno. Sezione atti convegni miscellanee, 5), 1983, voll. 2.

G. Labrot, *Quand l'histoire murmure. Villages et campagnes du Royaume de Naples (XVe-XVIIIe siècle)*, Roma, École Française de Rome, 1995.

La genealogia della famiglia Caracciolo di Francesco Fabris riveduta e aggiornata da Ambrogino Caracciolo, Napoli, Tipografia Artigianelli, 1966.

A. Lepre, *Rendite di monasteri nel Napoletano e crisi economica del Seicento*, in «Quaderni Storici», V (1970), 15, pp. 844 ss.

A. Lepre, *Storia del Mezzogiorno d'Italia*, vol. I, *La lunga durata e la crisi (1500-1656)*, Napoli, Liguori Editore (Collana di Storia moderna e contemporanea, 12), 1986.

G. Maese, *La diocesi di Nola tra XVI e XVII secolo (1551-*

1644), in *Chiesa, assistenza e società nel Mezzogiorno moderno*, a cura di C. Russo, Galatina, Congedo Editore (Università degli studi di Lecce. Dipartimento studi storici dal Medioevo all'Età contemporanea, 33), 1994, pp. 97 ss.

J. A. MARINO, *L'economia pastorale nel Regno di Napoli*, Napoli, Guida Editori (L'altra Europa, 8), 1988.

C. MEO, *La legislazione statutaria dei Comuni irpini*, in *Storia Illustrata di Avellino e dell'Irpinia*, vol. III, *L'età moderna*, a cura di F. Barra, Pratola Serra, Sellino & Barra Editori, 1996, pp. 337 ss.

R. MOSCATI, *Le «università» meridionali nel Viceregno spagnolo*, in «Clio», III (1976), 1, pp. 25 ss.

G. MUTO, *Istituzioni dell'universitas e ceti dirigenti locali*, in *Storia del Mezzogiorno*, vol. IX, *Aspetti e problemi del Medioevo e dell'età moderna*, tomo 2°, Napoli, Edizioni del Sole, 1991, pp. 19 ss.

L. NINA, voce *gabella*, in *Enciclopedia Italiana di Scienze, Lettere ed Arti*, vol. XVI, Roma, Istituto della Enciclopedia Italiana, 1950, p. 235.

M. PALUMBO, *I comuni meridionali prima e dopo le leggi eversive della feudalità*, Montecorvino Rovella, Stabilimento Tipografico L'Unione, 1910.

G. PASSARO, *Glossario essenziale circa alcune magistrature ed istituzioni delle Università meridionali*, in «Civiltà Altirpina», VII (1996), 2, pp. 27 ss.

A. PLACANICA, *Moneta prestiti usure nel Mezzogiorno moder-*

no, Napoli, Società Editrice Napoletana (Collana di ricerche e analisi storiche, 6), 1982.

A. M. Rao, *L'«amaro della feudalità». La devoluzione di Arnone e la questione feudale a Napoli alla fine del '700*, Napoli, Guida Editori (Esperienze, 119) , 1984.

Rationes Decimarum Italiae nei secc. XIII e XIV. Campania, a cura di M. Inguanez - L. Mattei Cerasoli - P. Sella, Città del Vaticano, Biblioteca Apostolica Vaticana, 1942.

G. Remondini, *Della Nolana ecclesiastica storia*, Napoli, vol. I, Stamperia di Giovanni di Simone, 1747 e vol. III, Stamperia Simoniana, 1757.

A. Rinaldi, *Il Comune e la Provincia nella storia del diritto italiano. Studi*, Potenza, Magaldi e Della Ratta, 1881.

R. Ritzler - P. Sefrin, *Hierarchia Catholica Medii et recentioris aevi*, Padova, Typis Librariae «Il Messaggero di S. Antonio», vol. V, 1952.

C. Russo, *Ceto civile emergente e fattori di squilibrio da Masaniello ai Borboni*, in *Storia della Campania*, a cura di F. Barbagallo, vol. I, Napoli, Guida Editori (I tascabili, 52), 1978, pp. 245 ss.

C. Russo, *I redditi dei parroci nei casali di Napoli: struttura e dinamica (XVI-XVIII secolo)*, in *Per la storia sociale e religiosa del Mezzogiorno d'Italia*, a cura di G. Galasso e C. Russo, vol. I, Napoli, Guida Editori (Esperienze, 57), 1980, pp. 1 ss.

J.-M. Sallmann, *Image et fonction du saint dans la région de Naples à la fin du XVIIe et ai début du XVIIIe siècle*, in

«Mélanges de l'Ecole Française de Rome, Moyen-Age et Temps Modernes», 91, 1979/2, pp. 827 ss.

J.-M. Sallmann, *Il santo patrono cittadino nel '600 nel Regno di Napoli e in Sicilia*, in *Per la storia sociale e religiosa del Mezzogiorno d'Italia*, a cura di G. Galasso e C. Russo, vol. II, Napoli, Guida Editori (Esperienze, 1), 1982, pp. 187 ss.

A. Sinisi, *Il "buon governo" degli uomini e delle risorse. Gestione di uno "Stato" feudale e governo del territorio nel Mezzogiorno fra Settecento e Ottocento*, Napoli, Edizioni «La Città del Sole» (Passato e presente, 2), 1996.

A. Solpietro - M. Toscano, *La 'cona' di Sant'Andrea Apostolo in Sirignano dalle fonti archivistiche dell'Archivio Storico Diocesano di Nola*, in *Sottostrati noncuranti. Restauri d'arte fra Salerno e Avellino*, a cura di A. Cucciniello, Salerno - Napoli, Soprintendenza BSAE - Editrice Politecnica Napoli, 2011, pp. 57 ss.

A. Spagnoletti, *Ufficiali, feudatari e notabili. Le forme dell'azione politica nelle università meridionali*, in «Quaderni Storici», XXVII (1992), 1 (79), pp. 231 ss.

A. Stella, *Santa Lucia di Serino. Società e terre nei catasti onciario e napoleonico*, Edizione del Comune di Santa Lucia di Serino, 1989.

P. M. Tropeano, *Codice Diplomatico Verginiano*, Montevergine, Edizioni Padri Benedettini, voll. II, IV, V, VII, VIII, 1978-1984.

F. Ughelli, *Italia Sacra sive de episcopis Italiae et insularum adjacentium*, presso Sebastiano Coleti, Venezia, voll. IV

(1717) e VI (1720).

Un paese chiamato Sirignano. Piccola guida al patrimonio culturale ed alle potenzialità del territorio, a cura di P. Colucci, Sirignano, Pro Loco Sant'Andrea, 2008.

P. VILLANI, *Il catasto onciario e il sistema tributario*, in IDEM, *Mezzogiorno tra riforme e rivoluzione*, Roma-Bari, Editori Laterza, 1962, pp. 105 ss.